国家自然科学基金项目"考虑银行系统风险贡献的存款保险逆周期式定价研究"（编号：71171032）

国家哲学社会科学基金项目"保险公司过度风险承担与系统性风险跨市场传染机制研究"（编号：17BJY204）

存款保险不同风险
效应测算及定价模型研究

吕筱宁 著

中国社会科学出版社

图书在版编目（CIP）数据

存款保险不同风险效应测算及定价模型研究 / 吕筱宁著. —北京：中国社会科学出版社，2019.6
ISBN 978-7-5203-5513-1

Ⅰ.①存⋯ Ⅱ.①吕⋯ Ⅲ.①存款保险制度—研究—中国 Ⅳ.①F842.69

中国版本图书馆 CIP 数据核字（2019）第 245702 号

出 版 人	赵剑英
责任编辑	刘晓红
责任校对	周晓东
责任印制	戴　宽

出　　版	中国社会科学出版社
社　　址	北京鼓楼西大街甲 158 号
邮　　编	100720
网　　址	http://www.csspw.cn
发 行 部	010-84083685
门 市 部	010-84029450
经　　销	新华书店及其他书店
印刷装订	北京市十月印刷有限公司
版　　次	2019 年 6 月第 1 版
印　　次	2019 年 6 月第 1 次印刷
开　　本	710×1000　1/16
印　　张	10.75
插　　页	2
字　　数	125 千字
定　　价	59.00 元

凡购买中国社会科学出版社图书，如有质量问题请与本社营销中心联系调换
电话：010-84083683
版权所有　侵权必究

目 录

绪 论 ………………………………………………………… 1

 第一节 引言 ………………………………………………… 1
 第二节 存款保险制度的作用及相关风险效应 …………… 3
 第三节 研究内容及结构 …………………………………… 10

存款保险制度可能产生的不同风险效应测算

第一章 存款保险双重风险效应理论及研究概述 …………… 21

 第一节 问题的提出 ………………………………………… 21
 第二节 存款保险双重风险效应理论分析 ………………… 22
 第三节 存款保险双重风险效应研究进展 ………………… 26
 本章小结 ……………………………………………………… 32

第二章 存款保险双重风险效应下银行资产价值概率分布估计
   ——基于最小熵原则 …………………………………… 33

 第一节 问题的提出 ………………………………………… 33
 第二节 最小熵原则介绍及模型的构建 …………………… 37

第三节 模拟分析 …… 46
本章小结 …… 51

第三章 存款保险制度可能引致的存款转移效应模型 …… 53
第一节 问题的提出 …… 53
第二节 模型的构建及计算方法推演 …… 56
第三节 模拟分析 …… 67
本章小结 …… 73

不同风险效应下存款保险定价模型研究

第四章 存款保险定价方法的理论分析及研究概述 …… 77
第一节 问题的提出 …… 77
第二节 当前存款保险差别费率的确定依据 …… 79
第三节 存款保险定价方法的研究概述 …… 80
本章小结 …… 90

第五章 考虑银行破产外部效应的存款保险定价模型 …… 91
第一节 问题的提出 …… 91
第二节 模型的建立 …… 93
第三节 模拟分析 …… 102
本章小结 …… 107

第六章 系统风险不同预期下的存款保险费率测算 …… 109
第一节 问题的提出 …… 109

第二节 考虑系统风险因素的存款保险费率模型 …………… 111

第三节 参数的确定 …………………………………………… 118

第四节 模拟分析结果 ………………………………………… 124

本章小结 ………………………………………………………… 134

第七章 基于银行资产价值跳变分离的存款保险定价模型 …… 136

第一节 问题的提出 …………………………………………… 136

第二节 银行系统资产跳变分离模型 ………………………… 137

第三节 基于跳变分离的存款保险定价模型 ………………… 144

本章小结 ………………………………………………………… 145

附　录 ………………………………………………………………… 147

参考文献 ……………………………………………………………… 153

摘　要

　　存款保险制度的实施旨在控制金融系统的整体风险程度，维持包括银行在内的存款机构稳定经营，合理规避和分散风险。现有的存款保险风险费率厘定机制，多是基于历史数据，从单个银行的角度确定差别费率。这一机制可能存在两方面问题：首先，根据单个银行风险水平确定费率，只能补偿单个银行的破产损失，而银行破产对系统中其他银行的影响未能得到补偿，且当出现极端风险事件，整个银行系统所有银行均面临系统性风险时，存款保险基金可能存在严重低估的情况。其次，存款保险制度的实施本身可能对金融系统带来一系列风险效应，扰乱金融体系原有的均衡，因此实施存款保险制度之后，从各银行内部的运营策略，到各银行间市场份额都可能发生一系列的变化，因此确定合理的存款保险费率之前有必要首先针对存款保险制度可能产生的风险效应进行较深入细致的研究。基于此，本书主要从两个主题，展开七方面具体问题的研究。

　　第一研究主题：存款保险制度可能产生的不同风险效应测算。

　　（1）针对"存款保险制度可能产生的不同风险效应测算"的研究主题，进行理论分析和文献梳理。在对存款保险可能产生的风险效应进行理论分析的基础上，从风险稳定效应、风险扭曲效应两个角度，对存款保险相关研究进行概述，归纳现有文献的研究角度、研究方法和相关结论，总结研究不足，为进一步研究存款保险风险效应问题奠定基础。

（2）存款保险制度对银行资产价值分布扭曲效应的测度。基于最小熵原则，构建银行资产价值概率密度函数的估计模型，度量存款保险制度实施前后银行资产价值分布的变化情况。在存款保险不同收益效应和风险效应的假设下，给出了三种特定情景假设，并在不同情景模式下，推导得到存款保险制度实施后银行资产价值的概率分布函数。模拟结果显示，在相同的期望收益变化情况下，监管水平的强弱将显著影响存款保险制度可能产生的风险激励效应。存款保险保费水平，特别是附加保费水平的增加，将会轻微影响银行资产价值的分布。不同情景模式下投保银行资产价值概率密度函数和分布函数的不同变化，可能为制度实施后投保银行的信贷投资决策提供依据，同时也为监管部门实行合理的监管策略，提供有意义的参考。

（3）存款保险制度引致的存款转移效应的测度。构建了存款人进化模型，刻画了存款保险制度实施前后，存款人选择和改变存款银行的动态决策过程，在一个代表性国家的框架下，给出了均衡状态下度量各银行投保前后存款份额变化情况的模型，并给出了模拟分析结果及部分参数的敏感度测试。研究结果显示：在部分银行投保的情况下，银行系统中总存款倾向于由未投保银行转移至已投保银行；在所有银行均投保的情况下，银行系统中也出现了存款转移效应，且这种效应倾向于使原存款市场份额高的银行进一步提高市场份额，而原存款市场份额低的银行进一步降低市场份额；在低投保比例情况下，存款保险的存款转移效应对投保比例存在一定的敏感性，投保比例增加可强化存款转移效应；在中高投保比例情况下，提高投保比例不会进一步强化存款保险制度可能产生的存款转移效应；随额外效用率参数的增大，存款保险制度的存款转移效应出现了一定程度的弱化。

第二研究主题：不同风险效应下存款保险定价模型的研究。

（4）针对"不同风险效应下存款保险定价模型研究"的研究主题，进行文献梳理和总结。对现有存款保险主要定价方法的问题，进行理论分析和相关研究概述，归纳现有文献中常用的几种存款保险定价方法，比较不同定价方法的优势和劣势，总结研究不足，为进一步研究考虑风险效应的存款保险定价方法问题奠定基础。

（5）考虑银行破产外部效应的存款保险定价方法。运用存款保险的期望损失定价方法和 Shapley 值法，建立了考虑银行违约/破产外部效应的存款保险定价模型。模型中度量的破产成本不仅考虑了银行破产清算过程中其自身资产价值的损失，还考虑了银行违约/破产的负外部效应——可能增加其他银行的破产损失，据此确定的存款保险保费反映了各银行对系统总破产成本的边际贡献。为验证模型效果，构造了三种情景进行模拟分析，结果表明：存款保险保费与银行系统对破产银行资产的收购能力负相关，且负相关程度随经济形势的恶化而加剧；保费与整个银行系统参保银行数目之间也呈负相关关系。

（6）不同系统风险因素条件下的存款保险定价方法。将影响银行资产价值的风险因素分解为系统风险因素和银行特定风险因素，进而在系统风险因素点估计和区间估计的不同预期下测算银行存款保险费率水平，得到的费率能够反映银行资产风险随经济形势波动的变化情况。通过模拟测算了我国 16 家上市银行 2008—2016 年特定经济形势情境下的存款保险费率水平,并在极端压力下与传统Merton费率进行了比较。得到的基本结论:包括不同年度不同银行费率对系统风险因素的敏感程度不同;经济形势尾部极端分布对费率的影响具有非对称性特点,风险极高区间对费率的贡献远大于风险极低区间;与传统的Merton费率相比,系统风险特定预期下测算的费率更契合经济形势的变化,这在存款保险制度运行初期,有利于增强基金的抗压能力。

(7)系统风险跳变分离条件下的存款保险定价方法。在银行系统资产价值跳跃—扩散模型的假设下,构建能够估计银行系统总体收益率、波动率及系统跳跃幅度的参数估计模型,依据估计得到的参数,进一步从实际数据中辨识分离出一定时间内银行系统资产价值变化的连续部分和跳跃部分。从个别银行的视角来看,当整个银行系统发生跳跃变化时,对个别银行产生外来冲击,个别银行将跟随发生跳跃过程。因此将个别银行资产价值变化分为两个部分,连续变化部分依据银行自身的资产收益率和波动率,而跳跃变化部分,跳跃次数的变化依据银行系统总资产的跳跃强度,每次跳跃的变化量依据各银行自身的跳跃幅度。基于以上跳变分离过程,运用带有跳跃—扩散的期权定价模型,得到能反映银行资产价值跳变分离的存款保险定价模型。

绪　论

第一节　引言

存款保险制度是一种为了维护金融业稳健经营、保护存款人利益的金融保障制度。存款保险制度最早起源于美国，为保障包括银行在内的金融体系的稳定经营，1933 年美国国会通过了《格拉斯—斯蒂格尔法》，建立联邦存款保险制度，成立联邦存款保险公司（FDIC），开始实行存款保险制度。截至目前，美国联邦存款保险制度是建立最早、运作历史最长、影响最大的存款保险制度。2008—2009 年金融危机期间，美国共计倒闭 165 家银行，涉及总存款 3189 亿美元，美国联邦存款保险公司在一系列重要危机处置计划中发挥了积极作用。

自美国建立联邦存款保险制度以来，存款保险制度经历了半个多世纪的发展，大致的发展轨迹可分为四个阶段。第一个阶段为美联储经验积累阶段，即 20 世纪 50—60 年代，随着美国市场体制的加强，联邦存款保险制度在风险监管、危机预警方面不断完善管理，为其他国家提供了很好的示范效应。第二个阶段为存款保险制度逐步推广阶段,即60—70年代,跟随美国的脚步,16个国家相继正式建立了存款保险制度,存款保险制度开始成为稳定金融体系的重要手段。第三个阶段为存款保险制度蓬勃发展阶段,随着国际金融市场的进一步开放,金融风险逐渐上升到全球化的层面,80年代以后,世界历经多次银行危机或金融危机,存款保险制度对于保障金融安全、维护金融稳定的重要作用越来越凸显,许多国家政府在借鉴国外存款保险制度的基础上,开始着手建立或改善已有的存款保险制度。90年代以后存款保险制度的发展进入了第四个阶段,越来越多的国家和地区逐渐重视存款领域的安全保障。绝大多数的发达国家,以及印度、越南、哥伦比亚等数十个发展中国家,都相继构建了显性存款保险制度,目前全球超过100个国家和地区建立了这一制度,此外还有20多个国家正在研究、计划或准备实施之中。

我国对存款保险制度的探讨和摸索持续了10余年,制度尚未正式建立之前,我国实行隐性存款保险制度,即若银行或吸收存款的金融机构破产,央行和地方政府将承担"最后贷款人"的角色,对相应的"问题"机构实行救助,或负责偿还存款人存款。这种模式不仅给各级财政带来数万亿的负担,而且会对金融系统的存款稳定性带来隐患。正常经济形势下,当存款人对一国政府保障其利益的程度具有较强信心时,隐性存款保险制度类似于显性存款保险制度,能够在一定程度上增强存款人信心,从而使金融系统吸引足够的存款。当极端经济事件发生的情况下,由于存款人利益有明确的保障,显性存款保险制度能够在一定程度上抑制挤兑现象,而隐性存款保险制度由于其存款保障程度和责任主体的不明晰,在应对极端经济事件时会表现出更多的不确定性。因此一旦存款人产生恐慌情绪,大量存款将可能流出银行系统,从而使金融系统陷入更大的危机。基于此,经国务院第 67 次常务会议通过,自 2015 年 5 月 1 日起,在我国境内设立的商业银行、农村合作银行等吸收存款的银行业金融机构(以下简称银行),应当依照《存款保险条例》投保存款保险。自此,酝酿多年的显性存款保险制度在我国开始施行。

第二节 存款保险制度的作用及相关风险效应

一 显性存款保险制度的作用

显性存款保险制度的产生和发展经历了半个多世纪的时间,应该看到的是,存款保险制度实施之前,各国金融体系和相关制度安排已具有一定的稳定性和本国特色。然而越来越多的国家和地区选择权责明晰的存款保险制度作为其金融体系改革发展的方向,从一个侧面反映出显性存款保险制度对于各个国家具有普遍性优势。与无存款保障体系或隐性存款保险制度相比,显性存款保险制度的优势和作用集中体现在以下几个方面。

(一)有效减轻了政府和中央银行的财政压力

显性存款保险制度实施之前,即使没有明确的制度要求,在出现重大危机事件或经济形势显著下行时,各国政府和中央银行都倾向于投入大量资本扶持包括银行在内的金融机构,更有"大而不倒"的银行迫使政府不得不进行救助。显性的存款保险制度建立以后,存款保险机构承担银行的存款债务担保责任,问题银行一旦面临破产局面,存款保险基金将作为补偿存款人存款本息的来源,这将大大地减轻政府和中央银行的财政压力。

(二)能在一定程度上减轻政府对银行分散监管的负担

从保险的普遍属性来看,保险公司作为经营和管理风险的专家,最能了解影响投保主体风险程度的因素。同样,存款保险机构作为承保存款保险的机构,在积累了一定的银行投保、经营信息的基础上,势必成为管理和控制银行风险的专家,在发现银行经营风险、集中监管以及提供控制风险相关建议等方面,均能发挥积极作用,这将改变原有政府或中央银行分散监管的局面,从长远来看,有利于银行系统整体风险的控制和监管。

(三)投保银行缴纳的保费有助于存款保险基金的原始积累

各银行根据自身风险情况缴纳存款保险保费,集中起来的保费形成存款保险基金,以便存款保险机构日后用于赔付存款人和对问题银行的处置。积累的存款保险基金在留存足够准备金的基础上,可用于投资增值,而存款保险基金的增值无疑可以减轻银行缴纳存款保险保费的压力,形成银行缴费自我增值的良性循环。另外,专业化的存款保险机构在处置问题银行和清偿银行债务方面具有更加迅速有效且成本更低的优势。

(四)促进银行体系内各银行的公平竞争

由于存款保险机构在投保银行出现问题时承担保证存款支付的责任,其必然会对投保银行的日常经营业务进行监督和管理,以确保各银行都能符合规定稳健经营,进而增强对银行体系的约束机制,维持金融体系的稳定性。这给银行系统创造了良好的竞争环境,一方面能够避免个别银行以违规为代价进行不良竞争;另一方面,存款保险制度可以在很大程度上提高存款人信心,这给中小型银行带来了更好的竞争机会。

(五)通过"监管宽容、债务处置"等灵活条款的设置,可为问题银行提供更多的保护和改善经营的空间

投保银行若资金周转不灵或经营不善无力支付存款人的存款,可以从存款保险机构获得事先由保险合同明确的赔付或融资支持额度,这将在一定程度上减少银行因偶然事件或流动性问题造成破产的现象,有助于增强社会公众对银行体系的信心,降低银行挤兑风险,最终保护存款人利益,减少社会震荡,有助于社会的安定。

二 存款保险制度与各种风险效应的关联性分析

(一)存款保险制度对个体银行可能产生的风险效应

从个体银行的角度出发,投保存款保险会产生多方面风险效应。首先,由于存款保险机构承担了部分存款偿还风险,存款人信心提升,在危机事件情况下银行因挤兑而破产的风险被弱化;其次,银行需要缴纳存款保险保费,这笔额外成本无疑会增加银行的负担,增加银行的经营风险。值得注意的是,在上述两种风险效应的作用下银行倾向于主动提高其信贷投资风险,产生更加复杂的风险扭曲效应。具体来看,一方面,由于存款偿还风险被存款保险机构承担,存款人可能减弱对银行监督的积极性;另一方面,银行为补偿存款保险保费支出,有动机进行高风险、高收益的投资项目。在两方面影响下,银行在支付存款保险保费后可能产生"道德风险"行为,增加其信贷投资风险(Duan et al., 1992)[①]、降低其资本充足

[①] Duan, J. C., Moreau, A. F. and Sealey, C. W., "Fixed – rate deposit insurance and risk – shifting behavior at commercial banks", *Journal of Banking and Finance*, 1992, 16 (4): 715 – 742.

率或转嫁部分风险给存款人（尤其在利率市场化之后）[1]。

进一步，银行改变自己的投资行为，将导致其资产的风险程度发生变化。现有的存款保险差别费率制度，多基于各银行资产的不同风险程度确定不同的费率水平，而当银行风险程度发生变化之后，基于制度实施之前各银行风险水平确定的费率将难以反映银行的真实风险水平，从而导致保费收取偏低，存款保险基金不足等严重后果。

（二）存款保险制度对银行系统可能产生的风险效应

从银行系统的角度来看，存款保险制度的推行，首先将产生显著的风险稳定效应，银行系统实现了一种"自给自足"式的保障机制，即系统内所有银行缴纳保费形成基金，赔付给系统内少数破产银行。事前缴费性质的保险制度，与事后政府救助式拨款的情况相比，具有权责明晰、信号传递等多风险稳定效应。

然而，存款保险制度对银行系统可能产生的风险效应是复杂的。若对投保银行采取风险调整的差别费率，风险较大的银行将缴纳相对较高的保费，这可能进一步加大这类银行的经营风险；同时出于成本最小化等的考虑，存款保险机构或监管部门有时会对问题银行采取监管宽容或债务展期的处置策略（朱波、黄曼，2008）[2]。上述情形可能导致金融市场的竞争扭曲，市场机制有效区分优劣银行的能力被削弱，甚至产生"存款搬家"现象（苏宁，2007）[3]，即存

---

[1] 苏宁：《存款保险制度设计——国际经验与中国选择》，社会科学文献出版社2007年版，第37—85页。

[2] 朱波、黄曼：《监管宽容下的存款保险定价应用研究》，《南方经济》2008年第12期。

[3] 苏宁：《存款保险制度设计——国际经验与中国选择》，社会科学文献出版社2007年版，第37—85页。

款人将存款从风险较大的银行转移至风险较小银行的现象。这种现象将改变银行系统内各银行原有的市场份额，可能导致经营稳健的大型银行份额增加，而经营风险相对较高的中小银行份额可能缩小，而这将进一步增加中小银行的经营风险，市场竞争机制受到一定程度的扭曲。

（三）银行破产的风险效应可能对存款保险费率充足性产生影响

权责明晰的显性存款保险制度能够在一定程度上缓解过去隐形存款保险制度给各级财政带来的沉重负担，弱化银行的道德风险，促进银行的经营动力和盈利能力，降低银行的存款偿还风险。我国实行存款保险制度的时期正是利率市场化呼之欲出的时候，从国际经验来看，利率市场化通常伴随着利率的频繁波动，加大了银行的利率风险，因此美国利率市场化初期，每年倒闭的银行多达2位数甚至3位数。何况我国金融市场利率风险管理工具缺乏，银行用短期负债支持长期资产的情况普遍存在。

值得注意的是，银行违约破产可能对整个银行系统带来负外部效应。一般认为，相对其他行业，银行倒闭产生的总费用更高，这是由于一个银行的破产会增加其他银行由于流动性问题而产生的损失。因此，一个银行的破产不仅使其自身资产价值在清算过程中发生损失，还会对整个银行系统带来负外部效应。因此，一家银行的存款保险费率不仅应该反映其自身的存款偿还风险，还应考虑该银行对系统风险的贡献以及其对系统风险的敏感性等问题。合理的存款保险费率应在激励相容的基础上，采取有助于控制银行系统总体风险的机制。

(四) 经济周期风险效应导致存款保险均衡费率难以确定

从中长期来看，基于风险调整的存款保险费率具有很强的顺周期特征，即在经济上行期，银行违约风险相对较低时，存款保险费率也相对较低；相反，当经济形势出现波动，银行破产概率上升而存款准备金相对不足时，各银行将面临很高的存款保险费率，这可能会进一步恶化经济周期的波动效应。

存款保险费率的测算往往只能局限在特定年份区间内，因此考虑一年或五年以内数据测算的费率在一定程度上隐含了近一年或五年内的经济形势。剔除经济波动效应，将异常跳变数据与平稳连续数据合理区分，在此基础上确定公平的均衡费率具有积极的意义，能够在一定程度上克服费率的顺周期效应。

(五) 极端系统风险效应可能导致存款保险基金出现危机

费率的厘定机制是存款保险制度的核心。当前我国存款保险费率在兼顾经济发展形势和基金充足性问题的基础上，由基准费率和风险差别费率构成。基准费率标准依据经济金融发展状况、存款保险基金的累积水平等因素制定，而差别费率水平主要反映各银行存款面临的不同风险状况。目前，越来越多的国家和地区实施风险差别费率的存款保险制度，但多数差别费率定价方法仅关注单个银行的破产风险，忽略了银行业作为一个整体面临的系统性风险问题，因此相应的费率厘定方法可能存在费率低估现象。存款保险制度在我国才刚刚推行，系统的稳定性及应对极端事件的抗压能力应给予高度关注。当经济形势恶化，整个银行业系统性风险骤升，存款保险基金的充足性将受到极大挑战。

三 存款保险风险效应对定价方法提出挑战

存款保险制度的施行本身可能引致风险扭曲效应和存款搬家效应，而传统差别费率制度又忽略了破产外部效应及系统风险跳变效应、集中效应等的影响，致使从存款保险制度实施多年的国家沿袭而来的经验定价方法存在一定的偏差，而这一偏差在存款保险制度运行初期的我国可能显得格外重要。

（1）金融市场环境日益复杂，存款保险制度的实施对银行资产风险程度造成一定的扭曲，且各银行的市场份额也会相应地发生一定程度变化，合理的存款保险费率制度应具有一定的激励相容机制，即通过制度安排的奖惩措施，能够在一定程度上抑制资产风险程度提高而产生的扭曲效应。

（2）传统的存款保险定价模式，侧重于单周期内的风险调整差别费率，具有亲周期特性，不利于中长期范围内银行系统的风险控制。虽然以风险调整差别费率为依据的存款保险定价制度具有明晰的激励机制、明确的收益—风险分担责任，有利于鞭策银行在公正的市场法则下自负其责、谨慎经营、稳健发展，但其建立在存款保险费率逐年重新厘定的基础上，因而具有明显的亲周期性：当银行经营风险较小时，相应的费率也较低；而当银行经营风险较大时，相应的费率也较高。尤其在金融危机时期，经营风险普遍增大的银行系统更需要资金扶持，然而若预期发生系统危机情景，则需要各银行缴纳大量的存款保险保费作为储备基金，这势必会进一步加剧银行的经营风险。因此，合理的存款保险费率机制需要弱化经济周期的波动效应，有利于中长期范围内银行系统的稳定发展。

（3）考虑各银行的系统风险贡献，构建具有逆周期性的存款保险定价模式具有积极意义。考虑各银行系统风险贡献的存款保险定价方法,意在增强存款保险对金融市场的稳健作用,即以中长期范围内银行系统的总体风险控制为目标,构建既能激励相容又能抑制银行道德风险的费率机制。以长周期的存款保险定价、缴费与奖惩模式来适度调整银行系统的总体风险,如存款承保比例、保费的分期缴纳、调整和奖惩模式、保费的递延或展期缴纳方法、具有"丰年补救欠年"特征的逆周期式保费厘定等,旨在保证中长期范围内存款保险基金收支平衡的基础上,使存款保险定价模式既能增强存款保险风险控制的长效作用,又能容忍出于保护市场创新与活力的适度风险。

第三节　研究内容及结构

一　研究内容

存款保险制度的实施旨在控制金融系统的整体风险程度,维持包括银行在内的存款机构稳定经营,合理规避和分散风险。现有的存款保险风险费率厘定机制,多是基于历史数据,从单个银行的角度确定适用于单个银行的差别费率,即以各银行多年来资产负债运营的实际数据为基础,以存款保险机构对各银行赔偿责任的期望现值,作为确定各银行存款保险保费水平的依据。以上方法至少在两方面值得进一步讨论：①从单个银行角度分散确定的存款保险保费水平,是否足够存款保险机构对具有关联、传染性质的银行系统进行整体赔付的资金需求；②基于历史数据确定存款保险费率的方法，是否适用于制度运行初期的中国。

首先，看第一方面问题，诚然，以单个银行的风险程度为依据确定差别费率的方法，具有很强的合理性，且其激励相容机制能够很好地约束各银行控制自身的信贷投资风险程度。但是，包括银行在内的金融系统中各机构间存在复杂、多变的相互制约和依存的关系，单个银行高风险经营或破产，除对本银行存款价值产生影响外，还会对银行系统中其他银行产生明显的负面效应，进而产生如银行破产外部效应、系统风险积聚效应等一系列显著影响银行系统整体风险程度的不利因素。因此，根据单个银行风险程度收取的存款保险保费，只能补偿个别银行破产时银行本身的存款价值损失，银行系统中其他银行的损失未能得到补偿，且当出现极端风险事件，整个银行系统所有银行均面临系统性风险时，存款保险基金可能存在严重低估的情况。

其次，针对第二方面的问题，依据历史数据计算存款保险费率本身是完全合理的，从国际范围来看，存款保险制度实施多年的国家也均是依据历史数据确定其国内各存款机构的存款保险费率。但是针对存款保险制度刚刚实施的国家来说，直接使用各银行历史数据意味着需要用存款保险制度实施之前各银行的数据，确定存款保险制度实施后各银行面临的费率水平。需要注意的是，存款保险制度的实施本身可能对金融系统带来一系列的风险效应，可能扰乱金融体系原有的均衡，因此实施存款保险制度之后，从各银行内部的运营策略，到各银行间市场份额都可能发生一系列的变化，因此确定合理的存款保险费率之前有必要首先针对存款保险制度可能产生的风险效应进行较深入细致的研究。

基于此，实施存款保险制度后可能对银行系统产生一系列风险效应需要首先被关注,其次在考虑存款保险风险效应的基础上,综合系统性风险等因素,确定更加合理充足的存款保险费率厘定机制具有积极意义。由以上两方面讨论展开,可以拓展出一系列的相关研究角度,主要包括:

(1) 存款保险对存款人行为的影响[①];

(2) 存款保险对单个银行产生的风险规避和风险激励效应[②];

(3) 存款保险对银行系统产生的存款稳定效应[③];

(4) 存款保险对银行系统产生的风险传导抑制效应;

(5) 存款保险对银行系统产生的"存款搬家"效应;

(6) 存款保险对银行资产运营产生的扭曲效应;

(7) 存款保险对政府财政支出的影响;

(8) 存款保险费率周期效应的分析;

(9) 银行破产外部效应对存款保险费率的影响;

(10) 不同系统风险因素条件下存款保险费率的变化情况;

(11) 逆周期式存款保险定价方法的构建;

(12) 考虑系统风险跳变分离的存款保险定价方法。

其中,问题(2)、问题(3)、问题(4)和问题(11)在《权

[①] Altunbas. Y. and Thornton. J. , "Deposit insurance and private capital inflows: Further evidence", *Journal of International Financial Markets, Institutions & Money*, 2013, 27: 243 – 247.

[②] Anginer. D. A. , Demirguc. K. and Zhu. M. , "How does deposit insurance affect bank risk? Evidence from the recent crisis", Working Paper, 2012, Available at: http://dx.doi.org/10.1596/1813 – 9450 – 6289.

[③] Kiss. H. J. , Rodriguez. I. and Garcia. A. R. , "On the effects of deposit insurance and observability on bank runs: An experimental study", *Journal of Money, Credit and Banking*, 2012, 44 (1): 1651 – 1665.

衡存款保险正负效应的逆周期式定价研究》①一书中均有一定程度的探讨和分析。针对其余研究主题，综合考虑现有研究的不足，并结合当前热点问题，本书将主要研究内容锁定在以下范围：

（1）存款保险制度对银行资产价值分布扭曲效应的测度。在承认存款保险制度对银行系统存在扭曲效应的基础上，现有学者大部分关注于存款保险制度对银行或金融系统风险程度的影响，但实际情况是这种影响是逐步发生的，存款保险制度的实施首先影响了银行的个体决策，改变了银行资产价值的收益率和波动率，进而对银行系统或整个金融系统产生综合影响，才产生了复杂多变的风险效应。因此，基于最小熵原则，本书在这一部分构建银行资产价值概率密度函数的估计模型，度量存款保险制度实施前后银行资产价值分布的变化情况。进一步，在存款保险不同收益效应和风险效应的假设下，给出特定情景，推导得到存款保险制度实施后银行资产价值的概率分布函数。不同情景模式下投保银行资产价值概率密度函数和分布函数的不同变化，可能为制度实施后投保银行的信贷投资决策提供依据，同时也为监管部门实行合理的监管策略，提供有意义的参考。

（2）存款保险制度引致的存款转移效应的测度。存款保险制度可能引起存款在不同机构间转移的现象，现有研究多着眼于欧盟等经济联合体中表现出的国际间存款竞争和流动情况，即探究各个国家不同的存款保险制度模式、保障水平以及危机期制度的调整策略等，将如何影响国际间的存款竞争和存款转移现象。值得注意的

---

① 吕筱宁、秦学志：《权衡存款保险正负效应的逆周期式定价研究》，中国社会科学出版社2017年版。

是，即使在同一个国家内部，推行存款保险制度也同样会对不同银行吸收存款的份额和比例产生不同的影响。我国在2015年5月正式开始推行权责明晰的显性存款保险制度，存款保险制度推行本身是否可能对一国内部各银行原占有的存款份额产生影响，不同的存款保险投保比例是否会造成存款搬家现象都是值得关注的问题。本书在这一部分将构建存款人进化模型，刻画存款保险制度实施前后，存款人选择和改变存款银行的动态决策过程，在一个代表性国家的框架下，给出均衡状态下度量各银行投保前后存款份额变化情况的模型，并给出模拟分析结果及部分参数的敏感度测试。

（3）考虑银行破产外部效应的存款保险定价方法。一般认为，相对其他行业，银行倒闭产生的总费用更高，这是由于银行倒闭面临很多额外成本，即一个银行的破产会增加其他银行由于流动性问题而产生的损失。因此，一个银行的破产不仅使其自身资产价值在清算过程中发生损失，还会对整个银行系统带来不利影响，造成额外损失。银行因破产而产生的额外成本可看作银行破产的负外部效应。目前，考虑银行破产外部效应的存款保险定价策略研究尚不完善。本书这一部分将运用存款保险的期望损失定价方法和Shapley值法，建立了考虑银行违约/破产外部效应的存款保险定价模型。模型中度量的破产成本不仅考虑银行破产清算过程中其自身资产价值的损失，还将反映银行违约/破产的负外部效应，据此确定的存款保险保费能反映各银行对系统总破产成本的边际贡献。进一步，为验证模型效果，将构造三种情景进行模拟分析。

（4）不同系统风险因素条件下的存款保险定价方法。从费率构成来看，我国存款保险费率机制采用了差别费率制。目前越来越多的国家和地区实施风险差别费率的存款保险制度，但多数差别费率定价方法仅关注单个银行的破产风险，忽略了银行业作为一个整体面临的系统性风险问题，因此相应的费率厘定方法可能存在费率低估现象。存款保险制度在我国刚刚推行，系统的稳定性及应对极端事件的抗压能力不强，应给予高度关注。当经济形势恶化，整个银行业系统性风险骤升，存款保险基金的充足性将受到极大挑战。因此，在系统风险因素不同预期情况下测算各银行期望损失的变化，对制定不同经济形势下的风险费率，具有积极意义。本书将影响银行资产价值的风险因素分解为系统风险因素和银行特定风险因素，进而在系统风险因素点估计和区间估计的不同预期下测算银行存款保险费率水平，得到的费率能够反映银行资产风险随经济形势波动的变化情况。最后，通过模拟测算了我国16家上市银行2008—2016年特定经济形势情境下的存款保险费率水平，并在极端压力下与传统Merton费率进行了比较。

（5）系统风险跳变分离条件下的存款保险定价方法。在银行资产价值服从跳跃—扩散模型的假设下，本书在这一部分构建能够估计银行系统总体收益率、波动率及系统跳跃幅度的参数估计模型，依据估计得到的参数，进一步从实际数据中辨识分离出一定时间内银行系统资产价值变化的连续部分和跳跃部分。从个别银行的视角来看，当整个银行系统发生跳跃变化时，对个别银行产生外来冲击，个别银行将跟随发生跳跃过程。因此，将个别银行资产价值变化分为两个部分，连续变化部分依据银行自身的资产收益率和波动率，而跳跃变化部分，跳跃次数的变化依据银行系统总资产的跳跃强度，每次跳跃的变化量依据各银行自身的跳跃幅度。基于以上跳变分离过程，运用带有跳跃—扩散的期权定价模型，得到能反映银行资产价值跳变分离的存款保险定价模型。

在研究视角上，总体来看，本书基于监管部门的视角。其中，对于存款保险制度对银行资产分布扭曲效应的分析，由于作用对象为个体银行，首先基于单个银行的视角进行研究，进而加入监管目标或系统容忍度，考察整个银行系统可能产生的变化。对于存款保险制度引致"存款搬家"效应的研究主要从银行系统层面展开分析，为监管部门维护银行系统良性竞争提供参考。而对于考虑银行破产外部效应的存款保险定价方法的研究、不同系统风险条件下存款保险费率确定方法的研究以及系统风险跳变分离条件下存款保险定价方法的研究，均首先考察存款保险制度可能对系统风险产生的风险效应，进而将风险效应对各银行违约概率的影响纳入费率确定的计算框架，而费率厘定机制的构建是基于监管部门维护银行系统长期稳定的视角。

二　本书结构

本书主要分为两个研究主题，第一主题主要研究存款保险制度产生的不同风险效应测算，其中包括存款保险制度对银行资产价值分布产生的扭曲效应，以及存款保险对银行系统产生的存款转移效应；第二主题研究不同风险效应下存款保险的定价模型，包括考虑银行破产外部效应的存款保险定价方法、考虑系统风险效应不同预期条件下的存款保险定价方法，以及系统风险跳变分离的存款保险定价方法。

本书各章内容安排如下：

绪论部分。首先阐述本书选题的主要依据，其次分析存款保险风险效应以及其对定价方法提出的挑战，最后给出本书的主要研究内容和结构。

第一章，针对"存款保险可能产生的不同风险效应测算"的研究主题进行文献梳理和总结。对存款保险可能产生的风险效应问题，进行理论分析和相关研究概述，归纳现有文献的研究角度和相关结论，总结研究不足，为进一步研究存款保险风险效应问题奠定基础。

第二章，在存款保险双重风险效应条件下，对银行资产价值概率分布进行估计建模。基于最小熵原则，构建能够估计银行资产价值概率密度函数的模型，研究存款保险制度实施前后银行资产价值分布的变化情况。在存款保险不同收益效应和风险效应的假设下，给出了三种特定情景，并在不同情景模式下，推导得到存款保险制度实施后银行资产价值的概率分布函数。

第三章，构建存款保险制度可能引致的存款转移效应测度模型。建立存款人进化模型，刻画存款保险制度实施前后，存款人选择和改变存款银行的动态决策过程，在一个代表性国家的框架下，给出均衡状态下各银行投保前后存款份额的变化情况，并进行模拟分析及部分参数的敏感度测试。

第四章，针对"不同风险效应下存款保险定价模型的研究"的研究主题进行文献梳理和总结。对现有存款保险主要定价方法的问题，进行理论分析和相关研究概述，归纳现有文献中常用的几种存款保险定价方法，比较不同定价方法的优势劣势，总结研究不足，为进一步研究考虑风险效应的存款保险定价方法问题奠定基础。

第五章，构建考虑银行破产外部效应的存款保险定价模型。运用存款保险的期望损失定价方法和 Shapley 值法，在兼顾银行破产清算过程中自身资产价值的损失和银行违约/破产的负外部效应的基础上，刻画银行总破产成本，进而确定能够反映银行对系统总破产成本贡献的存款保险定价方法,最后为验证模型效果,构造了三种情景进行模拟分析。

第六章,构建系统风险不同预期下的存款保险费率测算模型。将影响银行资产价值的风险因素分解为系统风险因素和银行特定风险因素,进而在系统风险因素点估计和区间估计的不同预期下测算银行存款保险费率水平,得到的费率能够反映银行资产风险随经济形势波动的变化情况。最后,模拟测算了我国 16 家上市银行 2008—2016 年特定经济形势情境下的存款保险费率水平,并在极端压力下与传统 Merton 费率进行了比较。

第七章,给出基于银行资产价值跳变分离模型的存款保险定价方法。在银行系统资产价值跳跃—扩散模型的假设下,从实际数据中辨识分离出一定时间内银行系统资产价值变化的连续部分和跳跃部分。进一步,将个别银行资产价值变化分为两个部分,连续变化部分依据银行自身的资产收益率和波动率,而跳跃变化部分,跳跃次数的变化依据银行系统总资产的跳跃强度。基于以上跳变分离过程,运用带有跳跃—扩散的期权定价模型,得到能反映银行资产价值跳变分离的存款保险定价模型。

存款保险制度可能产生的不同风险效应测算

第一章 存款保险双重风险效应理论及研究概述

第一节 问题的提出

存款保险本质上是保险机制在存款领域的应用，而存款保险制度是一国政府将存款领域的保险机制制度化的结果。存款保险制度的运作机制简单来看可概述为：首先，在投保期初向投保银行或存款类金融机构收取保费；其次，将各银行缴纳的保费集中形成存款保险基金，在一定的管理和监管模式下运作基金，确保存款保险基金能够持续保值增值；最后，当投保银行资不抵债难以支付存款人本利时，存款保险机构向符合规定的破产银行存款人进行理赔，从存款保险基金中支付存款人本息。

从存款保险制度运作的过程来看，至少从几方面影响着银行或金融系统。首先，作为银行存款的最后保障人，存款保险在稳定存款人信心、稳定银行经营方面发挥着显著的作用。其次，当金融系统中发生极端风险事件，存款保险制度在抑制风险传导方面的作用也已受到各国的重视和认可。但是，存款保险作为保险的一种，在为银行存款提供保障的同时，必然要求各银行依据自身的风险程度，缴纳相应的存款保险保费。从银行业整体来看，保费的缴纳势必会增加各银行的资金负担。更重要的是，由于各银行面临的风险程度不同，基于风险的差别费率使各银行适用的存款保险费率水平也存在差异。因此，存款保险保费的缴纳对各银行产生的影响程度存在差异。进一步，由于存款保险制度对各银行提供的保障和对应的成本并不相同，各银行原有的市场竞争力因而可能受到一定程度的影响，包括存款份额在内的很多领域都可能会受到影响。

存款保险制度的风险稳定效应和风险扭曲效应并存，值得进一步深入探讨，本章将就这一问题进行理论分析和文献梳理。本章其余部分安排如下：第二节对存款保险可能产生的双重风险效应问题进行理论分析；第三节针对存款保险风险效应问题进行相关研究的综述，归纳现有文献的研究角度和相关结论，总结研究不足，为进一步研究存款保险风险效应问题奠定基础；第四节总结本章的主要结论。

第二节　存款保险双重风险效应理论分析

一　存款保险制度带来的风险稳定效应分析

（1）存款保险制度最直接的功能和作用在于减少存款人的存款损失风险，提升存款人在利率市场化进程中的利益保障程度。在存款保险制度下，银行是作为保费缴纳主体的投保人身份，而真正作为被保险人、利益被保障的主体是存款人。但应该看到的是，存款保险制度在为存款人提供利益保障的同时，也会为投保银行带来多方面的稳定效用。首先，银行投保存款保险可以向存款人传递存款偿还有保障的利好信号，这在经济运行平稳期可以增强银行系统吸收更多存款的亲和力。其次，当金融系统发生极端风险事件的情况下，银行已投保存款保险的信息将极大程度地提升存款人信心，在一定程度上抑制过度恐慌而产生的"挤兑"现象，避免存款的过度流失。

（2）存款保险制度在抑制风险传导方面具有显著的作用。当金融市场环境恶化，或出现极端风险事件情况下，经营不善的银行面临破产。然而银行系统作为一个整体，一家银行的经营不善不仅可能导致自身破产，还可能影响与其有业务往来的若干家银行的经营状况。极端情况下，一家银行破产引起的"传染效应"可能直接或间接导致多家本来可维持正常经营的银行同时面临破产的局面。存款保险制度能够部分抑制或化解银行破产风险的这种传导效应（Max Bruche et al.，2010）[1]，阻断银行破产的蔓延，危机时期能够有效减少破产银行的数目。进一步，对银行破产风险传导的抑制作用，将大大地减少监管部门在经济危机时期为应对不利局面而产生的管理和控制成本，特别地，有利于与最后贷款人——央行一起应对金融危机等突发金融事件，能够起到危机缓冲器或稳定器的作用。

（3）存款保险制度的风险稳定效应还可能间接地优化银行资本的投资格局，将系统稳定的效用延伸到金融领域之外。存款保险制

---

[1] Max Bruche and Javier Suarez, "Deposit insurance and money market freezes", *Journal of Monetary Economics*, 2010, 57: 45-61.

度实施以前，银行除关注投资项目的收益和风险外，还需要重点关注投资项目的变现能力，以应对由于金融环境波动带来的诸如存款人集中取款等不理性现象。这使某些长远收益优良，但短期内资金变现能力一般的新科技产业项目，难以获得银行贷款的有力支持。存款保险制度的实施，有效提升了存款人信心，解除了银行应对存款人非理性行为的顾虑，有利于增强银行业对具有一定风险高科技项目或企业等的扶持能力，因而有利于推进我国产业结构的转型和升级，进而拓宽了银行信贷投资的选择渠道与发展空间。

二 存款保险制度导致市场变化的风险扭曲效应分析

（1）存款保险制度在提升存款人信心的同时，可能对银行产生风险激励效应。由于部分存款偿还风险被存款保险机构承担，在一定额度内存款人的存款完全变为无风险资产，存款人在更加信赖银行机构的同时，也减弱了对银行风险行为监督的积极性。由此产生保险领域难以避免的"道德风险"问题。简单来看，银行首先根据自身风险程度缴纳存款保险保费，但投保之后，一方面银行希望缴纳的存款保险保费资金支出得到补偿，另一方面原有的存款人自主监管的力度明显减弱。在两方面因素的影响下，理性银行就会倾向于增加其信贷投资风险（Duan et al.，1992）[①]、降低其资本充足率或转嫁部分风险给存款人（尤其在利率市场化之后）（苏宁，2007）[②]，这使银行实际面临的风险等级高于其投保时的风险等级，

[①] Duan. J. C. , Moreau. A. F. and Sealey. C. W. , "Fixed – rate deposit insurance and risk – shifting behavior at commercial banks", *Journal of Banking and Finance*, 1992, 16 (4): 715 – 742.

[②] 苏宁：《存款保险制度设计——国际经验与中国选择》，社会科学文献出版社 2007 年版。

进而致使其缴纳保费无法与其自身的期望损失额度相匹配。存款保险激励银行提高风险投资的这种效应，如不进行有效监管，不仅可能造成存款保险基金收取不足，更可能为银行系统的安全运营埋下隐患。

（2）存款保险差别费率可能引致市场竞争扭曲效应。诚然，与均衡费率制（各银行适用同样的存款保险费率）相比，存款保险差别费率制（各银行根据自身风险情况确定存款保险费率，高风险高费率，低风险低费率）在激励相容、控制道德风险方面均具有一定的优势。但是，对投保银行采取风险调整的差别费率，势必要求风险较大的银行相对于风险较小的银行，缴纳相对更高的保费，这可能进一步加大这类银行的经营风险；同时出于成本最小化等的考虑，存款保险机构或监管部门有时会对问题银行采取监管宽容或债务展期的处置策略（朱波、黄曼，2008）。[①] 上述情形可能导致金融市场的竞争扭曲，市场机制有效区分优劣银行的能力被削弱，甚至产生"存款搬家"现象（苏宁，2007），即存款人将存款从风险较大的银行转移至风险较小的银行的现象。

（3）从中长期来看，基于风险调整的存款保险费率具有很强的周期风险效应。当存款保险费率水平与银行风险水平挂钩时，极易出现顺周期效应，即在经济上行期，银行违约风险相对较低时，存款保险费率也相对较低；相反，当经济形势出现波动，银行破产概率上升而存款准备金相对不足时，各银行将面临很高的存款保险费率。存款保险费率的这种顺周期效应可能为银行系统的平稳运行带

[①] 朱波、黄曼：《监管宽容下的存款保险定价应用研究》，《南方经济》2008年第12期。

来潜在的风险。在经济繁荣期,较低的存款保险保费难以积累足够充足的存款保险基金;当经济环境恶化,银行的经营压力本就很大,高额的存款保险保费无疑更是雪上加霜,这可能会进一步恶化经济周期的波动效应。

第三节 存款保险双重风险效应研究进展

近年来,越来越多的学者更加全面地分析存款保险制度在金融系统中所起的作用。国外学者的相关研究主要分为两个角度:①存款保险制度促进金融业稳健经营的风险稳定效应分析;②存款保险制度导致市场变化的风险扭曲效应分析。

一 存款保险制度促进金融业稳健经营的风险稳定效应分析

存款保险风险稳定效应的研究内容主要包括:存款保险制度提升存款人信心的效应分析、存款保险制度抑制风险传导及减少危机成本等的效应分析。Prean 和 Stix (2011)[1] 研究金融危机期间增加存款保险保障范围对微观经济产生的影响,认为在转型国家存款保险制度能够有效地提高个人对存款安全和本国货币的信心。Angkinand (2009)[2] 研究存款保险能否降低银行危机带来的输出成本,发现存款保险保障范围较高的国家,具有相对较低的银行危机成

---

[1] Prean, N. and Stix, H., "The effect of raising deposit insurance coverage in times of financial crisis—Evidence from Croatian microdata", *Economic Systems*, 2011, 35: 496–511.

[2] Angkinand, A., "Banking regulation and the output cost of banking crises", *Journal of International Financial Markets, Institutions and Money*, 2009, 19: 240–257.

本。Iyer 和 Puri（2008）[①] 采用传染病学模型，研究银行挤兑问题，认为存款保险能在有限程度上抑制挤兑现象。

近年来，关于存款保险风险稳定效应的主要研究，以及各研究的相关方法和主要结论见表 1-1。

表 1-1　　　　　存款保险风险稳定效应主要研究进展

作者	主要内容
Prean 和 Stix（2011）	研究金融危机期间增加存款保险保障范围对微观经济产生的影响，认为在转型国家存款保险制度能够有效提高个人对存款安全和本国货币的信心
Angkinand（2009）	研究存款保险能否降低银行危机带来的输出成本，发现存款保险保障范围较高的国家，具有相对较低的银行危机成本
Iyer 和 Puri（2008）	使用实时更新的存款人提款数据，采用传染病学模型，研究银行挤兑问题，认为存款保险只能在有限程度上抑制挤兑现象

二　存款保险制度导致市场变化的风险扭曲效应分析

随着金融危机的爆发和扩散，存款保险制度的局限性逐渐凸显，越来越多的学者关注存款保险制度导致市场变化的风险扭曲效应，研究内容主要包括：存款保险制度对银行产生风险激励效应的分析、存款保险制度影响市场竞争机制的效应分析以及费率顺周期特征的效应分析。

由于研究样本和研究方法的不同，存款保险制度对银行风险激

[①] Iyer, R. and Puri, M., "Understanding bank runs: The importance of depositor – bank relationships and networks", Cambridge: NBER Working Paper 14280, 2008.

励效应的研究结论并不一致,包括 Mbarek 和 Hmaied (2011)[①] 认为单期期权定价模型会低估存款保险保费,导致短期内银行可能出现风险转移行为,在 Merton 多期模型 (1978) 下实证分析突尼斯存款保险制度,分析结果并不支持存款保险对样本银行产生风险激励效应;Angkinand 和 Wihlborg (2010)[②] 实证分析了存款保险承保范围与银行风险追逐行为之间的关系,认为部分国家或地区银行道德风险行为与存款保险覆盖范围之间存在"U"形关系,即存款保险对银行产生的风险激励效应存在先减后增的趋势;Forssbaeck (2011)[③] 认为,存款保险对银行产生的风险激励效应根源于债权人和股东的利益冲突,存款保险制度减弱了债权人监管力度进而产生了风险激励效应,而银行股东控制程度与存款保险的风险激励效应存在"U"形关系;Guizani 和 Watanabe (2010)[④] 认为,对风险不敏感的存款保险保费使银行有动机将风险转移至保险机构,进而产生风险激励效应,而金融危机期间无限存款保险责任恶化了这种效应,实施审慎监管会抑制存款保险的风险激励效应,但其作用存在时滞。

关于存款保险制度影响市场竞争机制的效应分析:包括 Ioan-

[①] Mbarek, L. and Hmaied, D. M. , "Deposit insurance and bank risk – shifting incentives: Evidence from the Tunisian banking system", *Journal of Money, Investment and Banking*, 2011, 20: 41 – 53.

[②] Angkinand, A. and Wihlborg, C. , "Deposit insurance coverage, ownership, and banks' risk – taking in emerging markets", *Journal of International Money and Finance*, 2010, 29: 252 – 274.

[③] Forssbaeck, J. , "Ownership structure, market discipline, and banks' risk – taking incentives under deposit insurance", *Journal of Banking and Finance*, 2011, 35: 2666 – 2678.

[④] Guizani, B. and Watanabe, W. , "The deposit insurance and the risk – Shifting incentive evidence from the blanket deposit insurance in Japan", Keio/Kyoto Joint Global COE Discussion Paper Series, Keio/Kyoto Joint Global COE Program, August, 2010.

nidou 和 Penas（2010）[1] 实证分析了存款保险制度实施前后银行信贷行为的变化，认为存款保险增加了银行承担风险追求利润的动机，规模不同的银行间风险追逐行为的差别被弱化；DeLonga 和 Saunders（2011）[2] 实证分析了美国 1933 年存款保险制度对各银行产生的影响。总体来看，固定费率存款保险使银行愿意承担更多风险，而市场区分优劣银行的机制被明显弱化；Chernykh 和 Cole（2011）[3] 实证分析了存款保险对金融系统的多重效应，发现存款保险能有效提高金融系统效率，尤其对地区银行或小银行作用显著，同时会弱化国有银行和私有银行之间的差别。

另外，存款保险风险费率的顺周期特征可能对金融系统产生扭曲效应，代表研究：包括 Pennacchi（1999）[4] 的研究表明，在经济衰退期，银行不得不更少地吸收存款以缓解存款保险保费支付的压力，而这在经济下行期将造成银行进一步的信贷紧缩，进而使经济产生更大的衰退。

---

[1] Ioannidou, V. P. and Penas, M. F., "Deposit insurance and bank risk – taking: Evidence from internal loan ratings", *Journal of Financial Intermediation*, 2010, 19 (1): 95 – 115.

[2] DeLonga, G. and Saunders, A., "Did the introduction of fixed – rate federal deposit insurance increase long – term bank risk – taking?", *Journal of Financial Stability*, 2011, 7: 19 – 25.

[3] Chernykh, L. and Cole, R. A., "Does deposit insurance improve financial intermediation? Evidence from the Russian experiment", *Journal of Banking and Finance*, 2011, 35: 388 – 402.

[4] Pennacchi, George G., "The effects of setting deposit insurance premiums to target insurance fund reserves", *Journal of Financial Services Research*, 1999, 16 (2/3): 153 – 180.

国内学者在这一角度的研究：包括钱小安（2004）[①]、付强等（2004）[②]、刘鑫等（2008）[③]，对基于风险调整的存款保险定价与道德风险抑制之间的关系展开了讨论，但相关研究侧重于理论分析和政策建议。孙杨（2005）[④] 考虑道德风险对存款保险费率的影响，计算出相应的存款保险费率范围。冯伟和曹元涛（2008）[⑤] 给出了显性存款保险制度下基于银行自身风险的最优存款保险覆盖范围的理论推导，但缺少符合我国国情的实证分析。

近年来，关于存款保险风险扭曲效应的相关研究，以及各研究的主要方法和相关结论见表1-2。

表1-2　　　　　　存款保险风险激励效应主要研究进展

作者	主要内容
Mbarek 和 Hmaied（2011）	认为银行通过调整其自有资本以应对资产风险的变化，实证分析结果并不支持样本银行存在风险转移行为
Ioannidou 和 Penas（2010）	实证分析了存款保险制度实施前后银行信贷风险的变化，认为存款保险增加了银行承担风险追求利润的动机，规模不同的银行间风险追逐行为的差别被弱化

[①] 钱小安：《存款保险的道德风险、约束条件与制度设计》，《金融研究》2004年第8期。

[②] 付强、涂燕、岑永：《基于风险的存款保险定价能解决道德风险吗》，《西南民族大学学报》（人文社会科学版）2004年第3期。

[③] 刘鑫、丁卓武：《存款保险定价、额度与银行业道德风险分析》，《数学理论与应用》2008年第1期。

[④] 孙杨：《商业银行道德风险与存款保险定价研究》，《产业经济研究》2005年第5期。

[⑤] 冯伟、曹元涛：《挤兑风险与道德风险的权衡：显性存款保险制度下最优保险范围的制定》，《经济与管理研究》2008年第2期。

续表

作者	主要内容
Angkinand 和 Wihlborg（2010）	实证分析了存款保险承保范围与银行风险追逐行为之间的关系，认为部分国家或地区银行道德风险行为与存款保险覆盖范围之间存在"U"形关系，即存在最优承保比例
DeLonga 和 Saunders（2011）	实证分析了美国1933年存款保险制度对银行的风险激励效应，总体来看，固定费率存款保险使银行愿意承担更多风险，而市场区分优劣银行的机制被明显弱化
Forssbaeck（2011）	认为存款保险对银行产生的风险激励效应根源于债权人和股东的利益冲突，债权人监管力度与风险激励效应负相关，银行股东控制程度与风险激励效应存在"U"形关系
Guizani 和 Watanabe（2010）	认为对风险不敏感的存款保险保费使银行有动机将风险转移至保险机构，金融危机期间无限存款保险责任恶化了银行的风险转移行为，实施审慎监管会抑制风险转移行为，但其作用存在时滞
Pennacchi（1999）	建立跨期存款保险定价模型，考虑中长期范围内存款保险费率存在的顺周期风险效应
Chernykh 和 Cole（2011）	实证分析了存款保险对金融系统的双重效应，发现存款保险能有效提高金融系统效率，减轻对国有银行的依赖，尤其对地区银行或小银行作用显著，弱化国有银行和私有银行之间的差别，但同时具有显著的风险激励效应，会提高银行增加信贷风险的动机

注：其中，Mbarek 和 Hmaied（2011）不支持存款保险会产生风险激励效应；其他文献认为存款保险的风险激励效应存在，研究角度不同。

现有研究针对存款保险影响银行资产分布以及可能引致"存款搬家"效应的研究未有突破性进展,本书将在第三章和第四章就这两方面问题展开讨论。

本章小结

本章针对本书第一部分"存款保险制度可能产生的不同风险效应测算"的研究主题,进行理论分析和文献梳理。在对存款保险可能产生的风险效应进行理论分析的基础上,从风险稳定效应、风险扭曲效应两个角度,对存款保险相关研究进行概述,归纳现有文献的研究角度、研究方法和相关结论,总结研究不足,为进一步研究存款保险风险效应问题奠定基础。

第二章　存款保险双重风险效应下银行资产价值概率分布估计

——基于最小熵原则

第一节　问题的提出

通常来说，存款保险制度被认为是维护银行或金融系统稳定的重要工具之一，从世界范围内来看，存款保险制度在缓解存款人焦虑、抑制挤兑现象上做出了很大贡献。为进一步加强存款人信心，很多国家和地区选择在经济运行态势恶化，或者出现危机的时期，增加存款保险制度的覆盖范围，即扩大可承保存款占总存款额度的比例，从而提高存款保险制度的保障力度。从一方面来看，由于存款保险制度降低了银行的运营风险，提升了存款人信心，各银行的经营管理都得到了很大的稳定，因此存款保险对银行资产的风险程度具有弱化的效应；但从另一方面来看，存款保险制度存在很大的风险激励效应，即由于存款保险制度提供的存款保障功能，存款人监督机制相对弱化，同时银行倾向于提高其信贷投资风险，以弥补缴纳存款保险保费产生的成本。高风险投资与相对低强度的监管，可能导致银行投资风险发生很大变化,从国际经验来看,推行存款保险制之后部分国家和地区确实出现了银行追逐高风险投资的倾向。①② 因此,存款保险制度对各银行投资行为的影响,进而对各银行资产收益率、波动率的影响变得越来越复杂,很难仅仅从正向或负向两个角度,明确地研究该影响产生的方向和趋势。研究存款保险制度实施前后各银行资产分布的总体变化,或许是更合理和可行的角度,值得给予足够的关注。

很多学者致力于研究存款保险制度对银行投资行为可能产生的扭曲效应,其中大部分文献仍着眼于非正即负的视角,即要么产生风险稳定效应,要么产生风险激励效应。Prean 和 Stix(2011)[3] 讨论了金融危机期间存款保险对微观经济主体可能产生的影响,结论显示在危机期间增加可承保存款比例,提高存款保险的覆盖率,有利于在一定程度上防止存款体系发生进一步的恶化和二次危机的发生。Iyer 和 Puri(2008)[4] 采用高频数据研究存款流失和挤兑现象,发现存款保险在防止银行存款流失方面具有一定的积极意义,参保存款保险的银行更容易留住存款,这一结论在金融危机期间更为显著。以上文献均证明了存款保险制度在很大程度上能够产生稳定效应,但相关研究更多地关注于金融危机期间的影响,当经济环境极

---

[1] Du, J. C., Moreau, A. F. and Sealey, C. W., "Fixed-rate deposit insurance and risk-shifting behavior at commercial banks", *Journal of Banking & Finance*, 1992, 16 (4): 715–742.

[2] Hovakimian, A. and Kane, E., "Effectiveness of capital regulation at U. S. commercial banks, 1985 to 1994", *Journal of Finance*, 2000, 55: 451–468.

[3] Prean, N. and Stix, H., "The effect of raising deposit insurance coverage in times of financial crisis-Evidence from Croatian microdata", *Economic Systems*, 2011, 35: 496–511.

[4] Iyer, R. and Puri, M., "Understanding bank runs: The importance of depositor-bank relationships and networks", Cambridge: NBER Working Paper 14280, 2008.

端恶化的条件下，存款保险制度能够表现出很高的正向稳定效应完全在意料之内，这是制度实行和安排的初衷和目的。

近年来，另一种观点也逐渐形成，且值得学界进行广泛的思考和研究。存款保险制度的局限性逐渐凸显，其对经济环境本身产生的扭曲效应开始积累，那么出于稳定金融系统目的而产生和发展的存款保险制度会不会本身带来极大的不稳定因素，进而对金融危机的产生客观上起到了催化作用？比如"逆向选择"和"道德风险"问题根植于保险领域由来已久，存款保险作为保险的一种，难以避免的也必须正视这些问题，风险越高的银行越倾向于给自己的存款购买保险，进而高风险银行得到了与低风险银行类似的保障，存款人不再勤于监管，高风险银行得以进一步提高资产运营的风险程度。不可否认，存款保险制度保障了存款人利益，但看似平稳的金融体系下可能积累了更大的风险因素。

基于此，有关存款保险局限性和风险激励效应的研究逐渐得到重视和发展，越来越多的学者从负面影响的角度重新审视存款保险制度。近年来，此方面的研究占据了存款保险制度研究领域的主体，但是由于不同学者选取了不同样本，运用不同的分析方法和工具，相关文献的研究结论并不一致。基于 Mbarek 和 Hmaied (2011)[1] 的样本和研究方法，实证结果并不支持存款保险制度存在负向风险激励效应的假设。而 Ioannidou 和 Penas (2010)[2] 给出了相反的结论，存款保险制度的实施，显著地增加了金融机构的信贷

---

[1] Mbarek, L. and Hmaied, D. M. , "Deposit insurance and bank risk – shifting incentives: Evidence from the tunisian banking system", *Journal of Money, Investment & Banking*, 2011, 20: 41 – 53.

[2] Ioannidou, V. P. and Penas, M. F. , "Deposit insurance and bank risk – taking: Evidence from internal loan ratings", *Journal of Financial Intermediation*, 2010, 19: 95 – 115.

风险，存款保险制度具有显著的风险激励效应。事实上，存款保险的正向稳定效应和负向的风险激励效应可能同时存在。Chernykh 和 Cole（2011）[①] 实证分析和检验了存款保险制度的双重风险效应，实证结果表明，存款保险制度能够有效稳定金融体系，提升金融系统的运行效率，但同时也存在明显的风险激励效应。承认存款保险双重风险效应并存，正是这一领域进步和发展的表现。如何正视存款保险制度的双重风险效应，如何在客观考虑正负效应的基础上，系统研究存款保险制度给银行带来的综合影响，值得进一步思考。

如前所述，大部分学者纠结于存款保险制度对银行或金融系统风险程度的影响，但实际情况是这种影响是逐步发生的，存款保险制度的实施首先影响了银行的个体决策，改变了银行资产价值的收益率和波动率，进而对银行系统或整个金融系统产生了综合影响，才产生了复杂多变的风险稳定效应或风险激励效应，进而产生双重风险效应并存的现象。因此，将存款保险制度实施前后各银行或金融机构资产价值收益率、波动率的变化情况，进而资产价值概率分布的变化情况作为研究对象，具有一定的意义。本章基于最小熵估计方法，将存款保险制度对银行产生的影响纳入研究框架中来，综合考虑存款保险制度可能产生的双重风险效应，估计存款保险制度实施后投保银行或金融机构资产价值概率分布的变化情况。在给定部分已知条件的情况下，最小熵原则提供了一个有效实现概率分布估计的方法。[②]

[①] Chernykh L. and Cole R. A., "Does deposit insurance improve financial intermediation? Evidence from the Russian experiment", *Journal of Banking & Finance*, 2011, 35, pp. 388–402.

[②] Monoyios M., "The minimal entropy measure and an Esscher transform in an incomplete market model", *Statistics and Probability Letters*, 2007, 77, pp. 1070–1076.

本章其余部分安排如下：第二节在介绍最小熵原则的主要原理及计算方法的基础上，给出考虑存款保险制度因素后银行资产分布的估计方法；第三节进行模拟分析，给出不同情景假设下的模拟估计结果；第四节给出相关的研究结论。

第二节　最小熵原则介绍及模型的构建

一　最小熵原则基本原理

定义 2.1

概率分布 F 和概率分布 G 是定义于概率空间 Ω 的两个分布，对应的密度函数分别为 f 和 g。F 和 G 的相互熵 $D(G, F)$ 定义如下：

$$D(G, F) = \int_\Omega g\ln(g/f)\,dx \quad (2-1)$$

相互熵 $D(G, F)$ 衡量了未知分布 G 和已知分布 F 之间的差异。最小熵原则最早由 Kullback 于 1956 年提出[1]，该原则提供了一种概率分布估计的规则和方法，在该方法下，某随机变量受到新信息影响后产生的新分布，将会尽可能接近新信息加入前的原有分布。因此，该方法下计算的分布，可被视为考虑新信息加入后最恰当估计得到的分布。最小熵原则可以表述为以下规划问题：

$$\min D(G, F) = \int_\Omega g\ln(g/f)\,dx$$

---

[1] Avellanada, M., "Minimum relative-entropy calibration of asset-pricing models", *International Journal of Theoretical and Applied Finance*, 1998, 1: 447-472.

$$\text{s. t.} \quad \int_\Omega g \mathrm{d}x = 1$$

$$g \geq 0$$

$$\int_\Omega g M_i(x) \mathrm{d}x = a_i \quad i = 1, 2, \cdots, n \tag{2-2}$$

其中，$M_i(x)$ 是第 i 阶距函数，a_i 是根据具体统计数据得到的第 i 阶距的计算结果。前两个限制条件保证了函数 g 符合概率密度函数的要求。第三个距阵估计的限制条件保证了分布 g 符合统计数据得到的客观结果。

命题 2.1

规划问题（2-2）的解析结果如下所示：

$$g = \frac{\exp[\sum_{i=1}^{n} \lambda_i M_i(x)]}{\int_\Omega \exp[\sum_{i=1}^{n} \lambda_i M_i(x)] f \mathrm{d}x} f \tag{2-3}$$

证明：问题（3-2）的拉格朗日方程可以写为：

$$L(g, f, \lambda) = -\int_\Omega g \ln(g/f) \mathrm{d}x + (\lambda_0 + 1)\left(\int_\Omega g \mathrm{d}x - 1\right) +$$

$$\sum_{i=1}^{n} \lambda \left[\int_\Omega g M_i(x) \mathrm{d}x - a_i\right]$$

其中，$\lambda_i (i = 0, 1, \cdots, n)$ 是拉格朗日乘数，最优解满足条件：

$$\ln(g/f) = \lambda_0 + \sum_{i=1}^{n} \lambda_i M_i(x)$$

或写为：

$$g = e^{\lambda_0} \exp\left[\sum_{i=1}^{n} \lambda_i M_i(x)\right] f \tag{2-4}$$

对式（2-4）两边同时在概率空间 Ω 积分，得到：

$$e^{-\lambda_0} = \int_\Omega \exp\left[\sum_{i=1}^{n} \lambda_i M_i(x)\right] f \mathrm{d}x \tag{2-5}$$

将式 (2-5) 代入式 (2-4), 得到式 (2-3), 命题得证。

二 模型的构建

假设代表银行的负债全部来源于存款, 银行为自己的存款向存款保险机构投保。令 x_t 表示 t 时刻银行的资产价值, x_t 满足如下随机过程:

$$dx_t = \mu x_t dt + \sigma x_0 dw \tag{2-6}$$

其中, w 为维纳过程, μ 是银行资产价值的即时收益率, σ 是收益率的波动率。令存款保险保障期间为 0 时刻到 T 时刻, 保障银行所有存款的总保费为 P, 0 时刻银行缴纳存款保险保费之前其资产价值为 x_0。在保险期末 T 时刻存款保险机构将对银行进行考察, 当 T 时刻银行资产价值高于其负债价值时, 银行正常经营; 相反, 当银行资产价值低于其负债价值时, 银行面临破产, 存款保险机构将负责赔偿银行资产不足以偿还存款人存款的部分。由式 (2-6) 可知, 在银行缴纳存款保险保费后, 若不产生资产价值分布的扭曲效应, T 时刻银行的资产价值应满足:

$$\ln x_T \sim \Phi\left[\ln(x_0 - P) + \left(\mu - \frac{\sigma^2}{2}\right)T, \ \sigma^2 T\right]$$

进一步, 推导可得此种情况下 x_T 的概率密度函数为:

$$f(x_T) = \frac{\exp\left\{-\frac{1}{2}\left[\dfrac{\ln x_T - \ln(x_0 - P) - \left(\mu - \frac{\sigma^2}{2}\right)T}{\sigma\sqrt{T}}\right]^2\right\}}{\sqrt{2\pi T}\sigma x_T} \tag{2-7}$$

对式 (2-7) 积分, 即可得到银行缴纳存款保险保费后, 若不产生资产价值分布的扭曲效应, T 时刻银行资产价值的分布函数为:

$$F(x_T) = \int_0^{x_T} f(x_T) dx_T \tag{2-8}$$

存款保险制度在提升存款人信心方面具有显著的作用，能在一定程度上降低银行出现存款流失的风险，这将在多方面给投保银行带来正面效应，即产生风险稳定效应。但是另一方面，在投保存款保险之后，银行更倾向于投资高风险项目，这将可能增加银行信贷投资风险，进而增加其破产的可能性，产生风险激励效应。在风险稳定效应和风险激励效应两方面的作用下，银行资产价值的分布可能产生变化，即不再服从之前的对数正态分布 $F(x_T)$。令 $G(x_T)$ 代表银行投保存款保险后，在受双重风险效应影响下，银行资产价值服从的新分布，$g(x_T)$ 是相应的概率密度函数。由于存款保险制度对银行资产价值的影响是渐进温和式的，并不具有根本性的变革影响，这里不妨假设存款保险制度实施后银行资产分布 $G(x_T)$ 是与制度实施前银行资产分布 $F(x_T)$ 相类似的分布，因此，制度实施后银行资产的密度函数 $g(x_T)$ 可以在一定约束条件下，通过最小化 $F(x_T)$ 与 $G(x_T)$ 之间的相互熵得到，即有：

$$\min D(G,F) = \int_0^{+\infty} g(x_T)\ln[g(x_T)/f(x_T)]dx_T$$

$$\text{s.t.} \int_0^{+\infty} g(x_T)x_T dx_T = c_1 E_{\bar{F}}(x_T)$$

$$\int_0^{+\infty} g(x_T)[x_T - c_1 E_{\bar{F}}(x_T)]^2 dx_T = c_2 Var_{\bar{F}}(x_T)$$

$$\int_0^{+\infty} g(x_T)dx_T = 1$$

$$g(x_T) \geq 0 \quad\quad (2-9)$$

其中，$c_1 > 0$，$c_2 > 0$，为常数，且有：

$$E_{\bar{F}}(x_T) = \int_0^{+\infty} \bar{f}(x_T)x_T dx_T$$

$$Var_{\bar{F}}(x_T) = \int_0^{+\infty} \bar{f}(x_T)[x_T - E_{\bar{F}}(x_T)]^2 dx_T$$

$$\bar{f}(x_T) = e^{-\frac{1}{2}\left[\frac{(\ln x_T - \ln x_0) - (\mu - \sigma^2/2)T}{\sigma\sqrt{T}}\right]^2} / (\sqrt{2\pi T}\sigma x_T) \qquad (2-10)$$

这里，$\bar{f}(x_T)$ 为购买存款保险之前，银行资产价值的概率密度函数。由于支付存款保险保费会在一定程度上挤占银行正常运营的其他费用，因此缴费行为本身也会对银行的决策产生影响，进而影响银行资产价值的分布情况，因此，这里的 $\bar{f}(x_T)$ 与之前给出的密度函数 $f(x_T)$ 存在区别。式（2-9）的第一个限制条件表征了存款保险制度可能产生的正向风险稳定效应，相应地，第二个限制条件反映了存款保险制度负面风险激励效应的影响。

存款保险制度双重风险效应的大小受到多方面因素的影响和限制，本章大体上将影响制度风险效应的因素分为两大类：银行层面的因素和监管层面的因素。从银行层面的角度看，投保存款保险后，银行倾向于关注存款保险制度带来的收益，即银行会调整自己的投资决策行为，使其资产价值的期望值有所上升，即式（2-9）中存在参数 $c_1 \geqslant 1$。另一方面，从监管层面来看，在允许银行享受存款保险制度带来的风险稳定效应的前提下，监管部门将更关注银行的信贷投资的风险行为，即监管部门实施存款保险制度的初衷和目的在于控制银行系统的风险。这里分三种情况考虑：①在严格监管的前提下，存款保险制度实施后，监管部门期待银行资产价值的风险小于制度实施前银行资产价值的风险，在以方差表征风险的情况下，式（2-9）中存在参数 $0 < c_2 \leqslant 1$；②值得注意的是，在某些情况下，增加银行资产收益和降低银行资产风险的目标并不能同时满足，在某些监管宽容的条件下，监管部门可以允许银行承担合理的额外风险以获得更多的收益，即式（2-9）中的限制条件满足 $1 < c_2 \leqslant 1 + \varepsilon$，其中 $\varepsilon > 0$；③在极端情况下，实行存款保险制度后可能出现监管缺失情况，即监管部门以存款保险制度为保障核心，并不关注制度实施后银行系统的风险变化情况，在此种情况下，式（2-9）中第二个限制条件将失效，线性规划中将省略此条件。

根据命题 2.1，式（2-9）规划问题的最优解可以表示为：

$$g(x_T) = \frac{\exp\{\lambda_1 x_T + \lambda_2 [x_T - c_1 E_{\bar{F}}(x_T)]^2\} f(x_T)}{\int_0^{+\infty} f(x_T) \exp\{\lambda_1 x_T + \lambda_2 [x_T - c_1 E_{\bar{F}}(x_T)]^2\} dx_T}$$

(2-11)

三 情景假设

以上一节对限制条件的讨论为基础，本节将给出不同约束条件下的三种不同的情景假设，进一步，在不同的情景假设下，研究不同的收益/风险限制条件下，银行资产价值可能产生的不同的新概率分布情况。

情景一：强收益动机，无风险监管模式。

此种情形满足上节讨论中的第三种情况，因此，相应的最小熵规划问题，可以表述为如下形式：

$$\min D(G, F) = \int_0^{+\infty} g(x_T) \ln[g(x_T)/f(x_T)] dx_T$$

$$\text{s.t.} \int_0^{+\infty} g(x_T) x_T dx_T = c_{1,1} E_{\bar{F}}(x_T)$$

$$\int_0^{+\infty} g(x_T) dx_T = 1$$

$$g(x_T) \geq 0 \qquad (2-12)$$

其中，$c_{1,1} \geq 1$。根据式（2-11），在情景一下，银行投保存款保险后其资产价值的密度函数 $g_1(x_T)$ 可表示为：

$$g_1(x_T) = \frac{e^{\lambda_{1,1} x_T}}{\int_0^{+\infty} f(x_T) e^{\lambda_{1,1} x_T} dx_T} f(x_T) \qquad (2-13)$$

情景二：强收益动机，宽容监管模式。

此种情形满足上节讨论中的第二种情况，因此，相应的最小熵规划问题，可以表述为如下形式：

$$\min D(G,F) = \int_0^{+\infty} g(x_T)\ln[g(x_T)/f(x_T)]dx_T$$

$$\text{s.t.} \int_0^{+\infty} g(x_T)x_T dx_T = c_{2,1}E_{\bar{F}}(x_T)$$

$$\int_0^{+\infty} g(x_T)[x_T - c_{2,1}E_{\bar{F}}(x_T)]^2 dx_T = c_{2,2}Var_{\bar{F}}(x_T)$$

$$\int_0^{+\infty} g(x_T)dx_T = 1$$

$$g(x_T) \geq 0 \tag{2-14}$$

其中，$c_{2,1} \geq 1$，$1 < c_{2,2} \leq 1 + \varepsilon$。同理，根据式（2-11），在情景二下，银行投保存款保险后其资产价值的密度函数 $g_2(x_T)$ 可表示为：

$$g_2(x_T) = \frac{e^{\lambda_{2,1}x_T + \lambda_{2,2}[x_T - c_{2,1}E_{\bar{F}}(x_T)]^2}}{\int_0^{+\infty} f(x_T)e^{\lambda_{2,1}x_T + \lambda_{2,2}[x_T - c_{2,1}E_{\bar{F}}(x_T)]^2}dx_T}f(x_T) \tag{2-15}$$

情景三：中性收益动机，严格监管模式。

此种情形满足上节讨论中的第一种情况，因此，如下的最小熵规划问题可代表情景三的情况：

$$\min D(G,F) = \int_0^{+\infty} g(x_T)\ln[g(x_T)/f(x_T)]dx_T$$

$$\text{s.t.} \int_0^{+\infty} g(x_T)x_T dx_T = C_{3,1}E_{\bar{F}}(x_T)$$

$$\int_0^{+\infty} g(x_T)[x_T - C_{3,1}E_{\bar{F}}(x_T)]^2 dx_T = c_{3,2}Var_{\bar{F}}(x_T)$$

$$\int_0^{+\infty} g(x_T)dx_T = 1$$

$$g(x_T) \geqslant 0 \qquad (2-16)$$

其中，$c_{3,1}=1$，$0<c_{3,2}<1$。同理，根据式（2-11），在情景三下，银行投保存款保险后其资产价值的密度函数 $g_3(x_T)$ 可表示为：

$$g_3(x_T) = \frac{e^{\lambda_{3,1}x_T+\lambda_{3,2}[x_T-E_{\bar{F}}(x_T)]^2}}{\int_0^{+\infty} f(x_T) e^{\lambda_{3,1}x_T+\lambda_{3,2}[x_T-E_{\bar{F}}(x_T)]^2} dx_T} f(x_T) \qquad (2-17)$$

四 计算方法

上节推导得到的式（2-13）、式（2-15）和式（2-17）并不是密度函数 $g_j(x_T)$（$j=1,2,3$）的最终解析形式，还需要进一步确定三种情景下的拉格朗日系数分别为多少。本节采用对偶理论和方法计算三个拉格朗日系数，进而给出三种情景假设下目标规划问题的解析解。具体过程为：①分别写出规划问题（2-12）、规划问题（2-14）和规划问题（2-16）的拉格朗日方程；②将式（2-13）、式（2-15）和式（2-17）分别代入上一步得到的三个拉格朗日方程中；③得到以上三种情景下最小化规划问题的对偶问题，具体形式如下：

$$\max D_j(\lambda) = \begin{cases} -\ln\left[\int_0^{+\infty} e^{\lambda_{j,1}x_T} f(x_T) dx_T\right] + \lambda_{j,1} c_{j,1} E_{\bar{F}}(x_T) & j=1 \\ -\ln\left\{e^{\lambda_{j,1}x_T+\lambda_{j,2}[x_T-c_{j,1}E_{\bar{F}}(x_T)]^2} f(x_T) dx_T\right\} + \\ \quad \lambda_{j,1} c_{j,1} E_{\bar{F}}(x_T) + \lambda_{j,2} c_{j,2} Var_{\bar{F}}(x_T) & j=2,3 \end{cases}$$

$$(2-18)$$

令 $\lambda_{j,1}^*$（$j=1,2,3$）和 $\lambda_{j,2}^*$（$j=2,3$）为式（2-18）的最优解，将 $\lambda_{j,1}^*$ 和 $\lambda_{j,2}^*$ 代入式（2-13）、式（2-15）和式（2-17），得到密度函数 $g_j^*(x_T)$ 可表示为：

$$g_j^*(x_T) = \begin{cases} \dfrac{\mathrm{e}^{\lambda_{j,1}^* x_T}}{\int_0^{+\infty} f(x_T) \mathrm{e}^{\lambda_{j,1}^* x_T} \mathrm{d}x_T} f(x_T) & j = 1 \\ \dfrac{\mathrm{e}^{\lambda_{j,1}^* x_T + \lambda_{j,2}^* [x_T - c_{j,1} E_{\bar{F}}(x_T)]^2}}{\int_0^{+\infty} f(x_T) \mathrm{e}^{\lambda_{j,1}^* x_T + \lambda_{j,2}^* [x_T - c_{j,1} E_{\bar{F}}(x_T)]^2} \mathrm{d}x_T} f(x_T) & j = 2,3 \end{cases}$$

(2-19)

由式 (2-19) 可知,密度函数 $g_j^*(x_T)$ 的表达形式受拉格朗日乘数 $\lambda_{j,1}^*$ 和 $\lambda_{j,2}^*$ 的影响,而拉格朗日乘数的大小受到银行利润动机强弱以及监管力度强弱的影响。因此,密度函数 $g_j^*(x_T)$ 的表达形式实际上受到参数 $c_{j,1}$ 和 $c_{j,2}$ 的影响。

如上所述,为明确各情景下最小熵问题的约束条件,首先需要计算银行在购买存款保险之前其资产价值的期望值 $E_{\bar{F}}(x_T)$ 和资产价值的方差 $Var_{\bar{F}}(x_T)$。这两个变量都可以通过式 (2-10) 推导得到,具体推导过程见附录。

$$E_{\bar{F}}(x_T) = \int_0^{+\infty} \bar{f}(x_T) x_T \mathrm{d}x_T = x_0 \mathrm{e}^{\mu T}$$

$$Var_{\bar{F}}(x_T) = \int_0^{+\infty} \bar{f}(x_T) [x_T - E_{\bar{F}}(x_T)]^2 \mathrm{d}x_T$$
$$= x_0^2 \mathrm{e}^{2\mu T} (\mathrm{e}^{\sigma^2 T} - 1) \quad (2-20)$$

另外,一个隐含在密度函数 $g_j^*(x_T)$ 中的变量是存款保险总保费 P。存款保险总保费由纯保费和附加保费两部分组成。其中,纯保费部分的额度等于保险人在期末 T 时刻可能产生赔偿责任的精算现值。附加保费部分用于补偿保险人可能面临的未预期损失,即由于实际风险超过预期风险,造成实际损失显著超过预期损失的情况。实务中保险人根据保险标的预期损失的若干倍方差计算附加保费。存款保险总保费计算过程如下:

$$P = e^{-rT}\int_0^{D_T}(D_T - x_T)\bar{f}(x_T)dx_T + \theta Var_{\bar{F}}(x_T)$$

$$= D_0 N(k) - e^{(\mu-r)T}x_0 N(k - \sigma\sqrt{T}) + \theta x_0^2 e^{2\mu T}(e^{\sigma^2 T} - 1)$$

$$(2-21)$$

其中, $k = [(\ln D_T - \ln x_0) - (\mu - \sigma^2/2)T]/(\sigma\sqrt{T})$, r 是无风险利率, $D_T = e^{rT}D_0$ 为 T 时刻银行存款价值的积累值,由于银行投保存款保险,这里假设银行存款以无风险利率增值。$N(\cdot)$ 是标准正态分布的分布函数,θ 是附加费率安全系数。式(2-21)的具体推导过程见附录。

将式(2-20)、式(2-7)和式(2-21)同时代入原规划问题的对偶问题,即式(2-18),求解规划问题(2-18)得到拉格朗日乘数 $\lambda_{j,1}^*$ 和 $\lambda_{j,2}^*$。① 将得到的拉格朗日乘数 $\lambda_{j,1}^*$ 和 $\lambda_{j,2}^*$,以及式(2-8)和式(2-20)同时代入式(2-19),推导可得银行投保存款保险之后,资产价值被扭曲后的概率密度函数 $g_j^*(x_T)$。

第三节 模拟分析

一 基本模拟结果

假设代表性银行在期初 0 时刻资产价值为 70 亿元,该银行对其全部存款的 90% 投保存款保险,即已投保存款价值占总存款价值的 90%。假设存款保险期限与被投保存款期限相同,均为一年。进一

---

① 通过 Matlab 7.0 编程求解规划(2-18)。

步假设该银行资产价值的即时收益率为 0.225，而收益率的波动率为 0.135。为计算存款保险总保费，需要给定附加费率安全系数 θ。当安全系数 θ 等于 0 时，附加保费为 0，即总保费仅为补偿期望损失的纯保费部分。本节首先取附加费率安全系数 $\theta=0$ 计算基本模拟结果，附加费率安全系数 θ 其他取值情况的计算结果将在后续章节讨论。无风险利率取值 2.25%。各参数的具体赋值结果见表 2-1。

表 2-1　　　　　　　　各参数赋值

x_0（亿元）	D_0（亿元）	T（年）	μ	σ	θ	r
70	63	1	0.225	0.135	0	0.0225

将表 2-1 中的参数赋值结果代入式（2-20）中，计算得到购买存款保险之前银行资产价值的期望值和资产价值的方差。将参数赋值结果代入式（2-21），得到存款保险总保费。相应中间变量的具体计算结果见表 2-2。

表 2-2　　　　　　　　中间变量的计算结果

$E_{\overline{F}}(x_T)$（亿元）	$Var_{\overline{F}}(x_T)$（亿元^2）	P（亿元）
87.66	14.13	0.0384

在情景一"强收益动机，无风险监管模式"下，假设投保存款保险后银行资产价值的期望值增加 5%，而方差值不做约束。在情景二"强收益动机，宽容监管模式"下，假设投保存款保险后，银

行资产价值的期望值和方差值都增加 2.5%。在情景三"中性收益动机，严格监管模式"下，假设投保存款保险后银行资产价值的期望值不变，而方差值下降 5%。三种模式下对应的参数 $c_{j,1}$、$c_{j,2}$ 具体取值结果见表 2-3。将表 2-3 中三种模式不同的参数取值结果代入式（2-18），并求解相应的最小规划问题，可分别求得三种不同情景下的最优拉格朗日乘数，具体结果见表 2-3。

表 2-3　　　　　　　　　　拉格朗日乘数

情景	$c_{j,1}$	$c_{j,2}$	$\lambda_{j,1}^{*}$	$\lambda_{j,2}^{*}$
1	1.025	—	0.153	—
2	1.025	1.025	0.185	-0.035
3	1	0.95	0.012	-0.018

将表 2-3 中的拉格朗日乘数 $\lambda_{j,1}^{*}$ 和 $\lambda_{j,2}^{*}$ 代入式（2-19），估计得到不同情景模式下的概率密度函数。图 2-1 给出了不同情景模式下的几条密度函数曲线的情况。与银行购买存款保险后资产价值的初始密度函数 $f(x)$ 相比，扭曲调整后的密度函数呈现出了不同的特点。密度函数曲线 $g_1^{*}(x_T)$ 和 $g_2^{*}(x_T)$ 分别代表情景一"强收益动机，无风险监管模式"和情景二"强收益动机，宽容监管模式"两种情形。如图 2-1 所示，与概率分布 $G_1^{*}(x_T)$ 相比，概率分布 $G_2^{*}(x_T)$ 更加集中，较集中的概率分布意味着银行资产价值的随机变量更集中于其期望值，因此对资产价值预期损失以及存款保险赔偿责任估计的不确定性更低，即相应的风险程度更低。因此，在与情景一维持同样资产期望收益水平的前提下，情景二模式表现出了更高的监管力度，达到了更强的风险稳定效应。同样的效应也

可以从密度函数 $f(x_T)$ 与密度函数 $g_3^*(x_T)$ 曲线的不同中得出。两条曲线表示了相同的期望收益变化，但曲线 $g_3^*(x_T)$ 的集中度更高，严格监管控制了银行的风险，存款保险制度实施后的风险激励效应得到了很大程度上的控制。

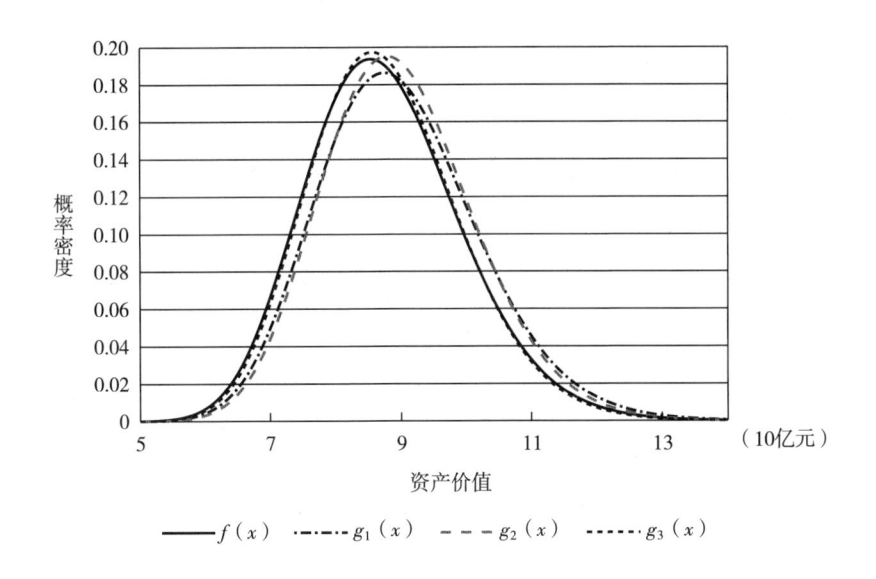

图 2-1　不同情景模式下的银行资产概率密度函数曲线

综合观察存款保险制度实施后三种情景下的密度曲线可见，密度函数曲线 $g_2^*(x_T)$ 比密度函数曲线 $g_3^*(x_T)$ 具有更高的银行资产价值期望值，比密度函数曲线 $g_1^*(x_T)$ 具有更小的方差值，这表明情景二与情景三相比在预期收益方面更具有优势，而与情景一相比，在控制风险方面更加理想。在同时考虑存款保险制度收益稳定效应和风险激励效应的基础上，从收益风险兼顾的角度看，资产价值概率分布 $G_2^*(x_T)$ 可能更可取，即在情景二模式下，允许银行适当增加资产的期望收益，同时采用较为宽容的监管模式对风险进行控制，可能成为存款保险制度实施后较为合理可取的策略。

二 考虑附加保费的模拟结果

本节考虑存款保险附加保费情况下，资产价值概率分布的变化情况。令附加保费系数在 0.001 到 0.01 之间变化，相应各情景下的拉格朗日乘数 $\lambda_{j,1}^*$ 和 $\lambda_{j,2}^*$ 也随之发生变化，具体变化结果见表 2-4。在附加保费系数 θ 不同取值情况下对应的银行资产价值概率密度函数的曲线结果见图 2-2。与银行总资产价值相比，存款保险总保费的额度相对较小，而附加保费部分相对更少。因此，从图 2-2 的结果看，增加存款保险附加保费，对银行资产价值密度函数的影响相对较弱。图 2-2 中实线代表未考虑附加保费情况下，情景二中银行资产价值的密度函数 $g_2^*(x_T)$，而虚线表示考虑附加保费之后，同样情景下银行资产价值的密度函数。相对于实线来看，虚线有非常轻微的右移，这意味着存款保险保费这一变量轻微的变化，并不会在很大程度上影响银行资产价值的分布情况。

表 2-4　　　　　不同附加保费系数下的拉格朗日乘数

情景	$\lambda_{j,1}^*$		$\lambda_{j,2}^*$	
	$\theta=0.1\%$	$\theta=1\%$	$\theta=0.1\%$	$\theta=1\%$
1	0.154	0.165	—	—
2	0.187	0.198	-0.036	-0.034
3	0.013	0.024	-0.018	-0.018

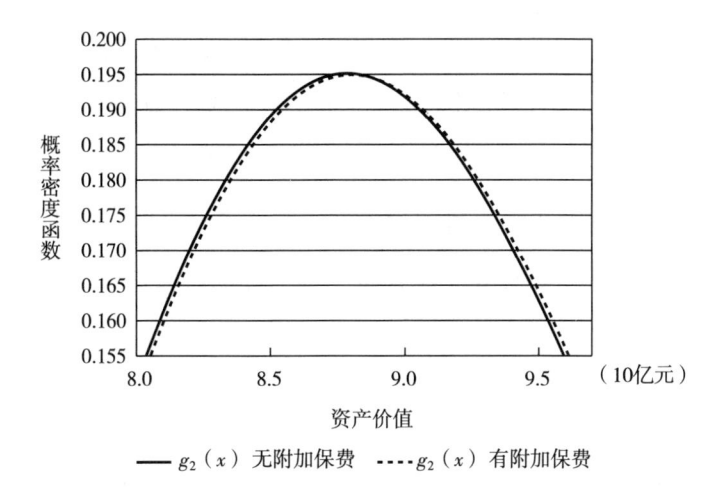

图 2-2　考虑附加保费情况下概率分布 $g_2^*(x_T)$ 顶部①

本章小结

本章在同时考虑存款保险风险稳定效应和风险激励效应的基础上，研究存款保险制度可能对投保银行产生的资产价值分布扭曲效应，基于最小熵理论和原则，提出一种估计投保后银行资产价值概率分布的方法。

在存款保险不同收益效应和风险效应的假设下，本章给出了三种特定情景，并在不同情景模式下，推导得到了存款保险制度实施后银行资产价值的概率分布函数。模拟结果显示，在相同的期望收

---

① 由于存款保险附加保费对银行资产价值分布的影响较小，在较大范围内展示附加费率对密度函数的影响不够直观，因此此图截取了分布的顶部。

益变化情况下，监管水平的强弱将显著影响存款保险制度可能产生的风险激励效应。存款保险保费水平，特别是附加保费水平的增加，将会轻微影响银行资产价值的分布。不同情景模式下投保银行资产价值概率密度函数和分布函数的不同变化，可能为制度实施后投保银行的信贷投资决策提供依据，同时也为监管部门实行合理的监管策略，提供有意义的参考。

　　本章存在很多不足，首先，几种情景模式的设定相对简单，有很大的局限性。在考虑更加复杂的条件下，增加模型的限制条件，将进一步提升模型的有效性和实用性。其次，本章着眼于研究存款保险制度的实施对银行资产价值可能产生的分布扭曲效应，但只关注了概率分布的变化，如何通过计算投保前后银行资产价值相互熵的变化，从而更进一步量化扭曲效应的程度，可能成为进一步的研究方向。

第三章　存款保险制度可能引致的存款转移效应模型

第一节　问题的提出

从世界范围来看，各国存款保险制度的推行和实施，是以维护包括银行在内的金融体系稳定健康发展为目标的。从最近一次全球性金融危机来看，在危机发生中期，欧洲很多国家便开始提高本国存款保险制度的承保范围上限，为本国金融机构提供更多的存款保障，以期弱化金融危机可能引起的进一步挤兑恐慌风险。首先采取行动的是爱尔兰政府，危机期间允许其存款保险机构对国内最大的六家银行取消存款保障上限，即提供完全的存款保障。随后，作为回应，欧盟的许多其他成员国也纷纷效仿，在几天之内均提高本国存款保险制度对银行等金融机构存款的承保范围。特别的，在2008年10月5日，德国政府决定对本国所有银行或提供存款的金融机构提供完全的存款保险保障。[①]

危机期间各国之所以竞相提高其存款保险制度的保障范围和保障程度,很大原因在于存款保险制度在提升存款人信心,避免存款流失方面具有不可替代的作用。存款人倾向于更信赖存款保险保障程度更高的银行,这是完全理性的选择,而这一机制在金融危机期间更加突出。欧盟作为一个联合经济体,贸易和金融方面具有充分的自由灵活度,当相邻国家存款保险制度提供更高保障,而本国存款保险制度不做相应的调整,就可能出现资金由本国保障程度低的银行流向国外保障程度高的银行现象。很多学者致力于研究存款保险制度如何影响存款在银行间的分布。Huizinga 和 Nicodeme[②] 在 2006 年的研究中讨论了一国的存款保险制度如何影响该国国内银行与国外银行间进行吸收存款的国际竞争,研究结果显示,存款人更倾向于选择具有权责明晰的显性存款保险制度的国家进行存款。King[③] 于 2012 年专门就 2008 年 10 月调整过存款保险制度承保范围的国家进行研究,在 12 个经济合作与发展组织(OECD)成员国中选取了 78 家规模较大的金融机构作为研究样本,研究发现不同国家实施的救援性质的存款保险政策变动,会不同程度地影响该国国内银行的融资成本,改变信用违约互换利差(credit default swap spread),而这又将进一步引起存款在不同国家银行间流动的不对称

---

① Engineer, M. H., Schurea, P. and Gillis, M., "A positive analysis of deposit insurance provision: Regulatory competition among European Union countries", *Journal of Financial Stability*, 2013, 9.

② Huizinga, H. and Nicodeme, G., "Deposit insurance and international bank liabilities", *Journal of Banking and Finance*, 2016, 30 (3): 965 - 987.

③ King, M. R., "The Cross - border Contagion and Competition Effects of Bank Bailouts Announced in October 2008", SSRN Working Paper, February 29, 2008.

性。Engineer 和 Schurea[①] 在 2013 年的研究认为可以把存款保险制度看作一种不同国家之间的非竞争性政策博弈工具，他们发现各国纷纷加大其存款保险制度的保障水平，是为了维护银行体系的稳定性，避免潜在的资本外逃，使其在存款竞争中处于有利地位。

关于存款保险制度可能引起的存款转移现象，现有研究多着眼于欧盟等经济联合体中表现出的国际间存款竞争和流动情况，即探究各个国家不同的存款保险制度模式、保障水平以及危机期的制度调整策略等，将如何影响国际间的存款竞争和存款转移现象。值得注意的是，即使在同一个国家内部，推行存款保险制度也同样会对不同银行吸收存款的份额和比例产生不同的影响。我国在 2015 年 5 月正式开始推行权责明晰的显性存款保险制度，存款保险制度推行本身是否可能对一国内部各银行原占有的存款份额产生影响，不同的存款保险投保比例是否会造成存款搬家现象都是值得关注的问题。

本章着眼于研究存款保险制度的推行对一国内部可能产生的存款转移效应，构建了一个表征存款人决策过程的存款人进化模型[②]，动态地刻画存款人选择存款银行的过程，进而度量存款保险制度实施前后各银行存款规模和比例的变化情况。本章其余部分安排如下：第二节构建存款人进化模型并推演相关的计算方法；第三节给出模拟结果并进行相关解释和分析；第四节给出结论和本章小结。

[①] Engineer, M. H., Schurea, P. and Gillis, M., "A positive analysis of deposit insurance provision: Regulatory competition among European Union countries", *Journal of Financial Stability*, 2013, 9: 530 – 544.

[②] He, X. and Li, K., "Heterogeneous beliefs and adaptive behavior in a continuous – time asset price model", *Journal of Economic Dynamics and Control*, 2012, 36: 973 – 987.

第二节 模型的构建及计算方法推演

一 存款人效用函数的推导

本章构建模型的基本假设如下：①代表性国家开始施行存款保险制度，即研究区间包括未实行存款保险制度之前和开始实施存款保险制度之后两个阶段；②假设代表国家银行系统中共有 m 家银行，第 i 家银行为自己存款投保存款保险的比例（已投保存款占总存款的比例）为 β_i（$0 < \beta_i < 1$，$i = 1, 2, \cdots, m$）；③在施行存款保险制度后，存款人会权衡是否有需要将自己的存款从原存款银行取出而转移至另一家银行；④每个存款人拥有 1 单位资本，他们做出决策行为遵循效用最大化原则。

首先，度量存款人将资金存入银行带来的效用。令 $V_i(t)$（$i = 1, 2, \cdots, m$）表示 t 时刻银行 i 的资产价值，假设 $V_i(t)$ 服从如下的过程：

$$\mathrm{d}V_i(t) = \mu_i V_i(t)\mathrm{d}t + \sigma_i V_i(t)\mathrm{d}w_i(t) \quad i = 1, 2, \cdots, m \quad (3-1)$$

其中，w_i 是标准的几何布朗运动，μ_i 代表银行 i 资产价值的即时收益率，σ_i 是收益率的波动率。假设银行 i 的负债全部来源于其存款，而存款保险的期限与存款期限相同。存款保险制度实施之前，在存款人信念中，如果 t 时刻他们将拥有的 1 单位资本存入银行 i 的定期存款，那么在存款期末 $t + T$ 时刻，他们将能够从银行 i 获得的价值为 $R_{i,b}(t+T)$。在这样的假设下，$R_{i,b}(t+T)$ 应满足：

$$R_{i,b}(t+T) = \begin{cases} 1 \cdot e^{r_i T}, & V_{i,b}(t+T) \geq D_{i,b}(t)e^{r_i T} \\ V_{i,b}(t+T)/D_{i,b}(t), & V_{i,b}(t+T) < D_{i,b}(t)e^{r_i T} \end{cases}$$

$$(3-2)$$

其中，$D_{i,b}(t)(i=1, 2, \cdots, m)$ 为存款保险制度实施前银行 i 的总存款规模或总存款价值，而 r_i 是存款保险制度实施之前银行 i 的定期存款利率。式 (3-2) 中，$V_{i,b}(t+T)$ 为一个随机变量，表示存款保险制度实施之前，银行 i 在 $t+T$ 时刻的资产价值。当 $t+T$ 时刻出现 $V_{i,b}(t+T) \geq D_{i,b}(t)e^{r_i T}$ 情形时，银行 i 经营状况良好，能够支付存款人存款的本利和，此时，每一个存款人将获得总支付额为 $1 \cdot e^{r_i T}$。相反，当出现 $V_{i,b}(t+T) < D_{i,b}(t)e^{r_i T}$ 的情况时，银行 i 资不抵债，将面临破产，而银行资产的剩余价值将会在所有存款人之间平均分配，即每个存款人获得的支付额为 $V_{i,b}(t+T)/D_{i,b}(t)$。由于银行 i 资产价值 $V_{i,b}(t+T)$ 存在的不确定性，存款人并不确定知道他们将来获得价值 $R_{i,b}(t+T)$ 的具体金额，因此他们必须根据随机变量 $R_{i,b}(t+T)$ 的预期情况来做出自己选择存款银行的决策。由式 (3-1) 可知银行 i 的资产价值服从对数正态分布，因此可以推导式 (3-2) 中随机变量 $V_{i,b}(t+T)$ 满足 $\ln V_{i,b}(t+T) \sim \Phi[\ln V_{i,b}(t) + (\mu_i - \sigma_i^2/2)T, \sigma_i^2 T]$，其中，$\Phi[\cdot]$ 表示标准正态分布的分布函数，而 $V_{i,b}(t)(i=1, 2, \cdots, m)$ 表示存款保险制度实施之前，银行 i 在 t 时刻的资产价值。因此，$V_{i,b}(t+T)$ 的概率密度函数可表示为：

$$f[V_{i,b}(t+T)] = \frac{1}{\sqrt{2\pi}\sigma_i V_{i,b}(t+T)\sqrt{T}}\exp\left\{-\frac{1}{2}\left[\frac{\ln V_{i,b}(t+T) - \ln V_{i,b}(t) - (\mu_i - \sigma_i^2/2)T}{\sigma_i\sqrt{T}}\right]^2\right\}$$

$$(3-3)$$

进一步,以 t 时刻存款人预期的 $t+T$ 时刻随机变量 $R_{i,b}(t+T)$ 的期望值,作为存款人在 t 时刻的效用函数,得到:

$$u_{i,b}(t) = E[R_{i,b}(t+T)]$$

$$= \int_{D_{i,b}(t)e^{r_iT}}^{+\infty} 1 \cdot e^{r_iT} \cdot f[V_{i,b}(t+T)] dV_{i,b}(t+T) +$$

$$\int_0^{D_{i,b}(t)e^{r_iT}} \frac{V_{i,b}(t+T)}{D_{i,b}(t)} \cdot f[V_{i,b}(t+T)] dV_{i,b}(t+T)$$

$$= \int_{D_{i,b}(t)e^{r_iT}}^{+\infty} e^{r_iT} \frac{e^{-\frac{1}{2}\left[\frac{\ln V_{i,b}(t+T) - \ln V_{i,b}(t) - (\mu_i - \sigma_i^2/2)T}{\sigma_i\sqrt{T}}\right]^2}}{\sqrt{2\pi}\sigma_i V_{i,b}(t+T)\sqrt{T}} dV_{i,b}(t+T) +$$

$$\int_0^{D_{i,b}(t)e^{r_iT}} \frac{V_{i,b}(t+T)}{D_{i,b}(t)} \frac{e^{-\frac{1}{2}\left[\frac{\ln V_{i,b}(t+T) - \ln V_{i,b}(t) - (\mu_i - \sigma_i^2/2)T}{\sigma_i\sqrt{T}}\right]^2}}{\sqrt{2\pi}\sigma_i V_{i,b}(t+T)\sqrt{T}} dV_{i,b}(t+T)$$

$$= e^{r_iT} \cdot \int_{k_{i,1}}^{+\infty} \frac{e^{-\frac{1}{2}m_{i,b}^2}}{\sqrt{2\pi}} dm_{i,b} + \frac{1}{D_{i,b}(t)} \cdot \int_{-\infty}^{k_{i,1}} \frac{e^{-\frac{1}{2}(m_{i,b} - \sigma_i\sqrt{T})^2 + \ln V_{i,b}(t) + \mu_iT}}{\sqrt{2\pi}} dm_{i,b}$$

$$= e^{r_iT} \cdot [1 - N(k_{i,1})] + \frac{V_{i,b}(t)e^{\mu_iT}}{D_{i,b}(t)} \cdot N(k_{i,1} - \sigma_i\sqrt{T})$$

$$(3-4)$$

其中, $m_{i,b} = \dfrac{\ln V_{i,b}(t+T) - \ln V_{i,b}(t) - (\mu_i - \sigma_i^2/2)T}{\sigma_i\sqrt{T}}$, $k_{i,1} = \dfrac{\ln D_{i,b}(t) - \ln V_{i,b}(t) + [r_i - (\mu_i - \sigma_i^2/2)]T}{\sigma_i\sqrt{T}}$, $u_{i,b}(t)$ 代表施行存款保险制度之前,t 时刻存款人的效用函数。

在存款保险制度实施后,存款人将把自己对存款收益的信念由 $R_{i,b}(t+T)$ 调整至 $R_{i,a}(t+T)$,且 $R_{i,a}(t+T)$ 满足:

$$R_{i,a}(t+T) = \begin{cases} 1 \cdot e^{r_iT}, & V_{i,a}(t+T) \geq (1-\beta_i)D_{i,a}(t)e^{r_iT} \\ \beta_i \cdot 1 \cdot e^{r_iT} + V_{i,b}(t+T)/D_{i,b}(t), & V_{i,b}(t+T) < (1-\beta_i)D_{i,b}(t)e^{r_iT} \end{cases}$$

$$(3-5)$$

其中，变量 $D_{i,a}(t)$ ($i=1, 2, \cdots, m$) 表示存款保险制度实施后 t 时刻银行 i 的总存款价值，而变量 $V_{i,a}(t+T)$ 代表存款保险制度实施后在 $t+T$ 时刻银行 i 的总资产价值。当银行 i 的存款保险保障水平为 β_i 时，$t+T$ 时刻银行 i 总存款中 $(1-\beta_i)D_{i,a}(t)e^{r_iT}$ 部分未能得到保障，由于未保险存款的偿还顺序优先于已投保存款，一旦银行出现资不抵债进入破产阶段，清算后总存款价值中 $(1-\beta_i)D_{i,a}(t)e^{r_iT}$ 部分将会优先偿还。因此，只要 $t+T$ 时刻银行 i 的资产价值 $V_{i,a}(t+T)$ 大于未投保存款价值 $(1-\beta_i)D_{i,a}(t)e^{r_iT}$，即使银行面临破产，投资者也将会得到全部存款本息的补偿（未投保存款部分，银行资产清算后价值足够偿还，而已投保存款部分，由存款保险机构偿还）。另一方面，当银行 i 经营出现重大问题，资产价值严重贬值，$t+T$ 时刻出现资产价值 $V_{i,a}(t+T)$ 小于未投保存款价值 $(1-\beta_i)D_{i,a}(t)e^{r_iT}$ 的情况时，存款人存款本息只能得到部分补偿，包括已投保存款部分 $\beta_i e^{r_iT}$ 和银行清算价值偿还未投保存款后的剩余价值 $V_{i,b}(t+T)/D_{i,b}(t)$。与前文所述存款保险制度实施前银行 i 资产价值的分布类似，这里存款保险制度实施后银行 i 资产价值随机变量 $V_{i,a}(t+T)$ 满足 $\ln V_{i,a}(t+T) \sim \Phi[\ln V_{i,a}(t)+(\mu_i-\sigma_i^2/2)T, \sigma_i^2 T]$，从而可得 $V_{i,a}(t+T)$ 的概率密度函数为：

$$f[V_{i,a}(t+T)] = \frac{1}{\sqrt{2\pi}\sigma_i V_{i,a}(t+T)\sqrt{T}} \exp\left\{-\frac{1}{2}\left[\frac{\ln V_{i,a}(t+T)-\ln V_{i,a}(t)-(\mu_i-\sigma_i^2/2)T}{\sigma_i\sqrt{T}}\right]^2\right\}$$

(3-6)

其中，$V_{i,a}(t)$ ($i=1, 2, \cdots, m$) 表示存款保险制度实施后 t 时刻银行 i 的资产价值。进一步，存款保险制度实施后，以 $t+T$ 时刻期望收益表征的存款人效用可表示为：

$$u_{i,a}(t) = E[R_{i,a}(t+T)] = \int_{(1-\beta_i)D_{i,a}(t)e^{r_iT}}^{+\infty} 1 \cdot e^{r_iT} \cdot f[V_{i,a}(t+T)]$$

$$dV_{i,a}(t+T) + \int_0^{(1-\beta_i)D_{i,a}(t)e^{r_iT}} \left[\beta_i e^{r_iT} + \frac{V_{i,a}(t+T)}{D_{i,a}(t)}\right] \cdot$$

$$f[V_{i,a}(t+T)]dV_{i,a}(t+T)$$

$$= \int_{(1-\beta_i)D_{i,a}(t)e^{r_iT}}^{+\infty} e^{r_iT} \cdot \frac{e^{-\frac{1}{2}\left[\frac{\ln V_{i,a}(t+T)-\ln V_{i,a}(t)-(\mu_i-\sigma_i^2/2)T}{\sigma_i\sqrt{T}}\right]^2}}{\sqrt{2\pi}\sigma_i V_{i,a}(t+T)} dV_{i,a}(t+T) +$$

$$\int_0^{(1-\beta_i)D_{i,a}(t)e^{r_iT}} \left[\beta_i e^{r_iT} + \frac{V_{i,a}(t+T)}{D_{i,a}(t)}\right] \cdot \frac{e^{-\frac{1}{2}\left[\frac{\ln V_{i,a}(t+T)-\ln V_{i,a}(t)-(\mu_i-\sigma_i^2/2)T}{\sigma_i\sqrt{T}}\right]^2}}{\sqrt{2\pi}\sigma_i V_{i,a}(t+T)}$$

$$dV_{i,a}(t+T)$$

$$= e^{r_iT} \cdot \int_{k_{i,2}}^{+\infty} \frac{e^{-\frac{1}{2}m_{i,a}^2}}{\sqrt{2\pi}} dm_{i,a} + \beta_i e^{r_iT} \cdot \int_{-\infty}^{k_{i,2}} \frac{e^{-\frac{1}{2}m_{i,a}^2}}{\sqrt{2\pi}} dm_{i,a} + \frac{1}{D_{i,a}(t)} \cdot$$

$$\int_{-\infty}^{k_{i,2}} \frac{e^{-\frac{1}{2}(m_{i,a}-\sigma_i\sqrt{T})^2 + \ln V_{i,a}(t) + \mu_i T}}{\sqrt{2\pi}} dm_{i,a}$$

$$= e^{r_iT} - (1-\beta_i)e^{r_iT}N(k_{i,2}) + \frac{V_{i,a}(t)e^{\mu_i T}}{D_{i,a}(t)}N(k_{i,2} - \sigma_i\sqrt{T})$$

$$(3-7)$$

其中，

$$m_{i,a} = \frac{\ln V_{i,a}(t+T) - \ln V_{i,a}(t) - (\mu_i - \sigma_i^2/2)T}{\sigma_i\sqrt{T}},$$

$$k_{i,2} = \frac{\ln[(1-\beta_i)D_{i,a}(t)] - \ln V_{i,a}(t) + [r_i - (\mu_i - \sigma_i^2/2)]T}{\sigma_i\sqrt{T}}。$$

总的来说，在 t 时刻从存款人的角度看，存款保险制度实施前和实施后，存款本身带来的效用分别可表示为 $u_{i,b}(t)$ 和 $u_{i,a}(t)$。

实际上，对于存款人来说，选择将资金存入哪家银行，除了要考虑上面讨论的存款本身带来的效用外，还取决于银行提供的一种额外效用。这种额外效用来源于存款人对于银行方便程度的主观感受，比如目标存款银行有多少分支机构，各办事网点交通的便利程度，是否提供便利的配套服务等。令 $\Delta u_{i,b}(t)$ 和 $\Delta u_{i,a}(t)$ （$i=1$，$2,\cdots,m$）分别代表存款保险制度实施前和实施后银行 i 能够为存款人带来的额外效用。本章假设存款保险制度的推行可能改变各银行的存款规模，而短期内银行配套设施和服务能力是相对固定的，因此，在一定阶段内可能出现存款规模扩大而服务能力不足，或存款规模缩小而服务能力过剩的情况。而银行配套服务能力恰是影响存款人额外效用的主要因素。基于此，这里假设存款保险制度实施前和实施后，银行能够提供给存款人的额外效用并不相同。因此，存款保险制度实施前和实施后银行 i 能够提供给存款人的总效用可表示为：

$$\begin{cases} U_{i,b}(t) = u_{i,b}(t) + \Delta u_{i,b}(t) \\ U_{i,a}(t) = u_{i,a}(t) + \Delta u_{i,a}(t) \end{cases} \tag{3-8}$$

当银行 i 的存款规模逐渐增大，即有越来越多的存款人选择将自己的资金存入银行 i 的情况下，存款人的服务体验可能由于该银行人满为患或服务能力不足等原因而受到负面影响；相反，当银行 i 的存款规模逐渐缩小，虽然长期来看可能给银行带来很大隐患，但仅就存款人服务感受来说，可能节约了更多的时间成本。因此，这里假设各银行能够为存款人提供的额外效用，随该银行存款规模的扩大而下降，反之亦然。进一步，假设存款保险制度实施后，银行提供额外效用价值，与存款保险制度实施前该银行能够提供的额外价值，以及该银行存款规模的变化情况相关，即：

$$\Delta u_{i,a}(t) = \Delta u_{i,b}(t) \times D_{i,b}(t)/D_{i,a}(t) \tag{3-9}$$

二 存款人进化模型的推导

令 $N_i(t)$ 表示 t 时刻选择将自己的 1 单位资金存入银行 i 的存款人人数。假设整个银行系统中各银行存款人人数的总和为不变的常数,即 $\sum_{i=1}^{m} N_i(t) = N$,构造变量 $n_i(t) = N_i(t)/N$,代表选择在银行 i 存款的存款人人数占各银行存款人总人数的比例。由于本章假设每个存款人拥有 1 单位资金,因此 t 时刻银行 i 总存款价值满足 $D_i(t) = N_i(t) \cdot 1$(此处省略表示存款保险制度实施前后的下脚标)。进而有:

$$n_i(t) = \frac{N_i(t)}{N} = \frac{N_i(t) \cdot 1}{N \cdot 1} = \frac{D_i(t)}{\sum_{i=1}^{m} D_i(t)} = \frac{D_i(t)}{N} \quad (3-10)$$

即 $n_i(t)$ 既能表示 t 时刻选择在银行 i 存款的存款人人数占总人数的比例,又能表示银行 i 总存款价值占银行系统总存款价值的比例。

参考已有学者的研究(Brock et al., 1998; Chiarella et al., 2006)[1][2],能够反映各银行存款人人数变化的动态进化模型可由如下的式子给出:

$$\mathrm{d}n_i(t) = \alpha n_i(t)[\mathrm{d}U_i(t) - \mathrm{d}\overline{U}(t)], \quad i = 1, 2, \cdots, m$$

$$(3-11)$$

其中,

$$\mathrm{d}\overline{U}(t) = n_1(t)\mathrm{d}U_1(t) + n_2(t)\mathrm{d}U_2(t) + \cdots + n_m(t)\mathrm{d}U_m(t)$$

---

[1] Brock, W. and Hommes, C., "Heterogeneous beliefs and routes to chaos in a simple asset pricing model", *Journal of Economic Dynamics and Control*, 1998, 22: 1235-1274.

[2] Chiarella, C., He, X. and Hommes, C., "A dynamic analysis of moving average rules", *Journal of Economic Dynamics and Control*, 2006, 30: 1729-1753.

$$= \sum_{j=1}^{m} n_j(t) \mathrm{d} U_j(t)$$

$\mathrm{d}\overline{U}(t)$ 表示在时间区间 $[t, t+\mathrm{d}t]$ 之内，银行系统中 m 家银行以其存款比例为权重的总效用水平的平均值变化量。常数 $\alpha > 0$ 表示存款人群体的存款转移强度，即反映存款人根据单个银行能够提供的效用水平与银行系统平均效用水平的差异，做出是否改变存款银行决策的反应速度。特别的，当 $\alpha = 0$ 时，转移强度为零，不存在存款人的存款转移行为；而当 $\alpha \to \infty$ 时，所有存款人立刻做出是否转移存款的决定和行动。

命题：满足式（3-11）的 $n_i(t)$ 函数的表达式为：

$$n_i(t) = \frac{C_i \mathrm{e}^{\alpha U_i(t)}}{\sum_{j=1}^{m} C_j \mathrm{e}^{\alpha U_j(t)}} \quad i = 1, 2, \cdots, m \tag{3-12}$$

其中，C_i（$i=1, 2, \cdots, m$）为待确定状态参数。

证明：根据式（3-12）的函数形式，对 $n_i(t)$ 函数求解 $U_i(t)$ 的偏导数如下：

$$\frac{\partial n_i(t)}{\partial U_i(t)} = \frac{\alpha C_i \mathrm{e}^{\alpha U_i(t)} \sum_{j=1}^{m} C_j \mathrm{e}^{\alpha U_j(t)} - \alpha [C_i \mathrm{e}^{\alpha U_i(t)}]^2}{[\sum_{j=1}^{m} C_j \mathrm{e}^{\alpha U_j(t)}]^2}$$

$$= \alpha \frac{C_i \mathrm{e}^{\alpha U_i(t)} [\sum_{j=1}^{m} C_j \mathrm{e}^{\alpha U_j(t)} - C_i \mathrm{e}^{\alpha U_i(t)}]}{[\sum_{j=1}^{m} C_j \mathrm{e}^{\alpha U_j(t)}]^2}$$

$$= \alpha \left[\frac{C_i \mathrm{e}^{\alpha U_i(t)}}{\sum_{j=1}^{m} C_j \mathrm{e}^{\alpha U_j(t)}} \cdot \frac{\sum_{j=1}^{m} C_j \mathrm{e}^{\alpha U_j(t)} - C_i \mathrm{e}^{\alpha U_i(t)}}{\sum_{j=1}^{m} C_j \mathrm{e}^{\alpha U_j(t)}} \right]$$

$$= \alpha \frac{C_i \mathrm{e}^{\alpha U_i(t)}}{\sum_{j=1}^{m} C_j \mathrm{e}^{\alpha U_j(t)}} \cdot \left[1 - \frac{C_i \mathrm{e}^{\alpha U_i(t)}}{\sum_{j=1}^{m} C_j \mathrm{e}^{\alpha U_j(t)}} \right]$$

$$= \alpha n_i(t) \cdot [1 - n_i(t)] \tag{3-13}$$

类似的，对 $n_i(t)$ 求解 $U_j(t)$（$j \neq i$）的偏导数可计算为：

$$\frac{\partial n_i(t)}{\partial U_j(t)} = -\frac{\alpha C_i e^{\alpha U_i(t)} C_j e^{\alpha U_j(t)}}{[\sum_{j=1}^{m} C_j e^{\alpha U_j(t)}]^2}$$

$$= -\alpha \left[\frac{C_i e^{\alpha U_i(t)}}{\sum_{j=1}^{m} C_j e^{\alpha U_j(t)}} \cdot \frac{C_j e^{\alpha U_j(t)}}{\sum_{j=1}^{m} C_j e^{\alpha U_j(t)}} \right]$$

$$= -\alpha n_i(t) \cdot n_j(t) \quad (3-14)$$

进一步，由式 (3-12) 可知 $dn_i(t) = \frac{\partial n_i(t)}{\partial U_i(t)} dU_i(t) + \sum_{j \neq i} \frac{\partial n_i(t)}{\partial U_j(t)} dU_j(t)$，将式 (3-13) 和式 (3-14) 的结果代入，得到：

$$dn_i(t) = \alpha n_i(t) \cdot [1 - n_i(t)] dU_i(t) - \sum_{j \neq i} \alpha n_i(t) \cdot n_j(t) dU_j(t)$$

$$= \alpha n_i(t) \cdot \{[1 - n_i(t)] dU_i(t) - \sum_{j \neq i} n_j(t) dU_j(t)\}$$

$$= \alpha n_i(t) \cdot [dU_i(t) - \sum_{j=1}^{m} n_j(t) dU_j(t)]$$

$$= \alpha n_i(t) \cdot [dU_i(t) - d\overline{U}(t)] \quad (3-15)$$

比较可知式 (3-15) 的结果与式 (3-11) 相同，即将式 (3-12) 确定的 $n_i(t)$ 函数的表达形式代入式 (3-11)，等式成立，即式 (3-12) 为式 (3-11) 的解，命题得证。

三 均衡状态的推导

由式 (3-11) 的进化模型可知，存款保险制度实施之前整个银行系统达到均衡状态的条件为当且仅当各银行为存款人提供的总效用相同，即满足 $U_{1,b}(t) = U_{2,b}(t) = \cdots = U_{m,b}(t) = \overline{U}_b(t)$，根据式 (3-8) 可进一步得到：

$$u_{i,b}(t) + \Delta u_{i,b}(t) = \overline{U}_b(t) \quad i = 1, \cdots, m \quad (3-16)$$

其中，$\overline{U}_b(t)$ 为存款保险制度实施之前，均衡状态下银行体系中各银行相同的总效用水平。这里不妨以银行系统中存款效用最高的银行作为度量均衡总效用的基准，即假设均衡总效用满足 $\overline{U}_b(t) = (1+\gamma)\max\{u_{1,b}(t), u_{2,b}(t), \cdots, u_{m,b}(t)\}$，这里 γ 为基准银行的额外效用率，即基准银行额外效用相当于存款效用的比例系数。因此，存款保险制度实施之前，各银行的额外效用函数可表示为：

$$\Delta u_{i,b}(t) = (1+\gamma)\max\{u_{1,b}(t), u_{2,b}(t), \cdots, u_{m,b}(t)\} - u_{i,b}(t)$$
$$i = 1, \cdots, m \quad (3-17)$$

存款保险制度实施以后，银行体系存款分布的原有均衡状态被打破，同时各银行面临缴纳存款保险保费的责任，新均衡状态下各银行能提供给存款人的总效用均衡水平也变动为一个新的水平。假设存款保险制度实施以后，新均衡状态下各银行总效用水平满足 $U_{1,a}(t) = U_{2,a}(t) = \cdots = U_{m,a}(t) = \overline{U}_a(t)$，代入式（3-12）可得：

$$\overline{n}_{i,a} = \frac{e^{\alpha \overline{U}_a(t)} C_{i,a}}{e^{\alpha \overline{U}_a(t)} \sum_{j=1}^{m} C_{j,a}} = C_{i,a} \quad i = 1, 2, \cdots, m \quad (3-18)$$

其中，$\overline{n}_{i,a}$ 为存款保险制度实施以后，均衡状态下选择将资金存入银行 i 的存款人人数占总存款人人数的比例。由式（3-18）可知，实行存款保险制度后，银行 i 的新状态参数 $C_{i,a}$（$i=1, 2, \cdots, m$）恰等于均衡状态下银行 i 的存款人市场占比（也即存款金额市场占比）。将式（3-18）代入式（3-12）得到：

$$n_{i,a}(t) = \frac{\overline{n}_{i,a} e^{\alpha U_{i,a}(t)}}{\sum_{j=1}^{m} \overline{n}_{j,a} e^{\alpha U_{j,a}(t)}} \quad i = 1, 2, \cdots, m \quad (3-19)$$

均衡状态的计算方法如下。假设存款保险制度在时刻 τ 开始实施。令 $S_i(\tau)$ 表示银行 i 在 τ 时刻的权益价值，由于银行总资产价值为负债价值（在本章假设下等同于存款价值）与权益价值之和，因此

在 τ 时刻存款保险制度实施之前银行 i 总资产价值满足 $V_{i,b}(\tau) = S_i(\tau) + D_{i,b}(\tau)$，而在存款保险制度实施之后银行 i 总资产价值变为 $V_{i,a}(\tau) = [S_i(\tau) + D_{i,a}(\tau)] - p_i\beta_i D_{i,a}(\tau) = S_i(\tau) + (1 - p_i\beta_i)D_{i,a}(\tau)$，这里 p_i 为银行 i 面临的存款保险费率。基于此，在 τ 时刻存款保险制度实施之前各银行存款价值 $D_{1,b}(\tau)$，$D_{2,b}(\tau)$，…，$D_{m,b}(\tau)$ 以及各银行权益价值 $S_1(\tau)$，$S_2(\tau)$，…，$S_m(\tau)$ 已知的情况下，各银行能为存款人提供的存款效用 $u_{i,b}(\tau)(i=1,2,\cdots,m)$ 可由式 (3-4) 计算得到，而相应的额外效用 $\Delta u_{i,b}(\tau)$ 可由式 (3-17) 计算得到。

存款保险制度实施以后均衡状态下各银行存款份额可由迭代的方法计算得到。具体的计算过程如下：

步骤 1：在存款保险制度实施后的条件下，给定各银行存款价值及存款额外效用的第一个估计值或初始值 $\hat{D}_{i,a}[1] = D_{i,b}(\tau)$ 和 $\Delta \hat{u}_{i,a}(1) = \Delta u_{i,b}(\tau)$，即实施存款保险制度的初始时刻银行存款价值和额外效用均与存款保险制度实施前的状态相同，在均衡状态被打破的初始时刻这一给定是合理的。将 $\hat{D}_{i,a}[1]$ 代入式 (3-7)，计算得到银行提供给存款人存款效用的第一个估计值 $\hat{u}_{i,a}[1]$，进一步计算可得银行提供给存款人总效用的第一个估计值 $\hat{U}_{i,a}[1] = \hat{u}_{i,a}[1] + \Delta \hat{u}_{i,a}(1)$。

步骤 2：由式 (3-10)，计算存款保险制度实施后，新均衡状态下，各银行存款份额的第一个估计值，即有 $\hat{\bar{n}}_{i,a}[1] = \hat{D}_{i,a}[1]/N$。

步骤 3：由式 (3-19)，计算存款保险制度实施后，各银行存款份额变化动态比例变量的第一个估计值。

$$\hat{n}_{i,a}[1] = \frac{\hat{\bar{n}}_{i,a}[1] e^{\alpha \hat{U}_{i,a}[1]}}{\sum_{j=1}^{m} \hat{\bar{n}}_{j,a}[1] e^{\alpha \hat{U}_{j,a}[1]}} \quad (3-20)$$

步骤4：计算存款保险制度实施后各银行存款价值及存款额外效用的第二个估计值，由式(3-10)得到 $\hat{D}_{i,a}[2] = \hat{n}_{i,a}[1] \cdot N$，由式(3-9)得到 $\Delta \hat{u}_{i,a}(2) = \Delta \hat{u}_{i,a}(1) \times \hat{D}_{i,a}(1)/\hat{D}_{i,a}(2)$。

重复上述步骤1到步骤4直至 $\hat{n}_{i,a}$ 收敛于 $\hat{\hat{n}}_{i,a}$。

第三节　模拟分析

一　参数的确定

假设代表性国家的银行系统有银行 A、银行 B 和银行 C 三家银行，τ 时刻三家银行的资产价值分别为 70000 亿元、40000 亿元和 30000 亿元，假设各银行的权益价值为其资产价值的 10%，即三家银行权益价值分别为 7000 亿元、4000 亿元和 3000 亿元。假定所有存款期限均为一年。进一步，参考相关研究及以往研究结果，假设三家银行资产价值的即时收益率分别为 0.225、0.2 和 0.175，而资产价值的波动率分别为 0.135、0.125 和 0.115。[①] 最后，由于存款保险制度实施后被保险存款近似无风险资产，这里参考银行存款利率，假设无风险利率为 2.25%。[②] 各参数的具体赋值结果见表 3-1。

[①] 吕筱宁、秦学志：《考虑破产外部效应的存款保险定价方法》，《运筹与管理》2014 年第 2 期。

[②] 孙晓琳、秦学志、陈田：《监管宽容下资本展期的存款保险定价模型》，《运筹与管理》2011 年第 1 期。

表 3-1　　　　　　　　　　　　参数赋值

银行	$V_{i,b}(\tau)$（亿元）	$D_{i,b}(\tau)$（亿元）	$S_{i,b}(\tau)$（亿元）	μ_i	σ_i	r	T（年）
A	70000	63000	7000	0.225	0.135	0.0225	1
B	40000	36000	4000	0.200	0.125		
C	30000	27000	3000	0.175	0.115		

除上述参数外，由于需要计算存款保险制度实施之后银行资产价值的初始值，各银行的存款保险费率水平需要被确定。本章参考刘海龙和杨继光（2011）的文献①给出的预期损失定价方法，根据三家银行不同的资产价值、负债价值以及资产收益率、波动率情况，确定三家银行不同承保比例下的费率水平，具体结果见表 3-2〔由于存款保险定价方法并非本章关注的主要问题，这里考虑篇幅限制，省略了存款保险费率厘定方法的具体推算过程，详细过程可参刘海龙和杨继光（2011）的文献〕。其他参数包括存款人总人数 N，存款人转移强度 α，以及基准额外效用率 γ。由于本章假设每个存款人持有 1 单位资本，因此此处确定的存款人总人数实际上只是虚拟人数，即以银行系统总存款价值为依据，以每个存款人持有 1 单位资本为假设条件下，反推出的等价存款人人数，即有存款人总人数 $N = \sum_{i=1}^{3} D_{i,b}(\tau)/1 = 126000$。存款人转移强度 α 及基准额外费用率 γ 的具体赋值结果见表 3-2。

---

① 刘海龙、杨继光：《基于银行监管资本的存款保险定价研究》，《管理科学学报》2011 年第 3 期。

表 3-2　　　　　　　　存款保险费率及其他参数赋值

银行	不同投保比例（β）下存款保险费率值（p）(‰)									α	γ (‰)
	10%	20%	30%	40%	50%	60%	70%	80%	90%	100%		
A	5.64	3.04	2.03	1.52	1.22	1.02	0.87	0.76	0.68	0.61		
B	5.51	2.93	1.96	1.47	1.17	0.98	0.84	0.73	0.65	0.59	500	0.02
C	5.39	2.83	1.89	1.41	1.13	0.94	0.81	0.71	0.63	0.57		

二　基本模拟结果

将表 3-1 和表 3-2 中各参数的赋值结果代入第二节中各公式，得到存款保险制度实施之前和实施之后，三家银行均衡状态下的存款份额情况，具体结果见图 3-1。首先，图 3-1（a）中给出了未实施存款保险制度情况下，各银行的存款市场份额结果，显然银行 A 占领了整个银行系统最大的存款份额，为 50%，而银行 B 占领了 29%，银行 C 占领了剩余的 21%。其次，为研究购买存款保险对银行存款份额的影响，模拟这样两种情况：①银行系统的三家银行中只有银行 C 为其存款购买了存款保险（保障水平为 80%），具体结果见图 3-1（b）；②银行系统中银行 B 和银行 C 均购买了存款保险（保障水平均为 80%），而只有银行 A 未购买存款保险，具体结果见图 3-1（c）。由上述两种情形下各银行的存款份额变化可见，当只有一家银行购买存款保险时，购买存款保险的银行显著提高了自身的存款份额，整个银行系统的存款出现了向投保存款保险银行转移的现象；当两家银行均投保了存款保险的情况下，C 银行基本维持了存款保险制度实施前的存款市场份额，B 银行的存款份额得到了极大的提升，而存款保险制度实施前存款市场份额最高的 A 银

(a) 存款保险制度实施前各银行的存款份额：银行A 50%，银行B 29%，银行C 21%

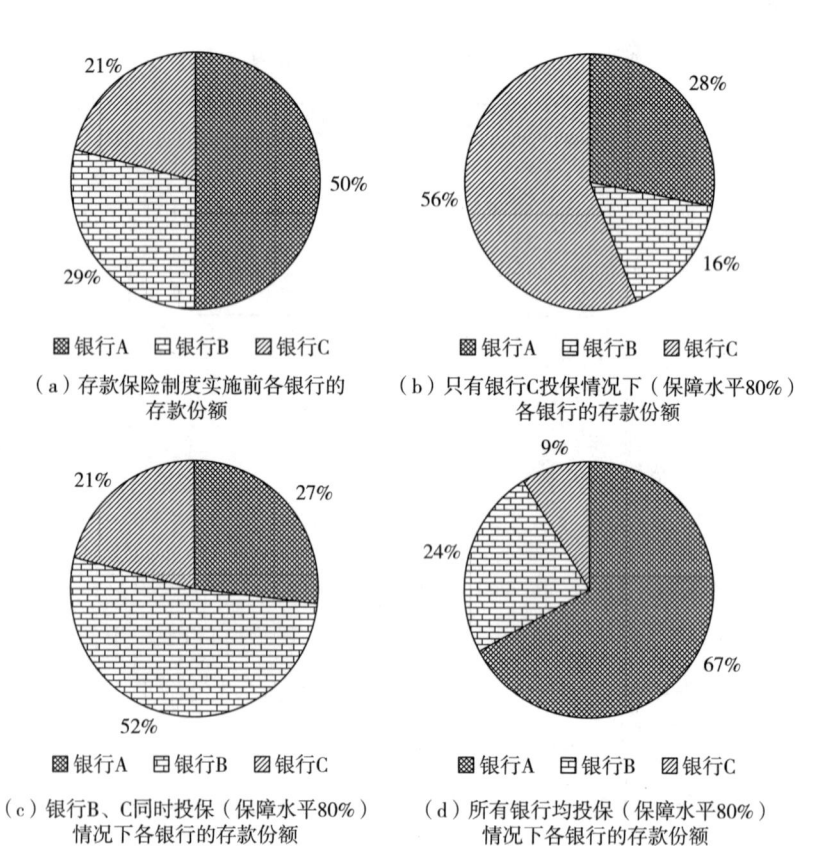

(b) 只有银行C投保情况下（保障水平80%）各银行的存款份额：银行A 28%，银行B 56%，银行C 16%

(c) 银行B、C同时投保（保障水平80%）情况下各银行的存款份额：银行A 27%，银行B 52%，银行C 21%

(d) 所有银行均投保（保障水平80%）情况下各银行的存款份额：银行A 67%，银行B 24%，银行C 9%

图3-1 存款保险制度对银行产生的存款转移效应

行受到了极大影响，存款市场份额被压缩了近一半。从投保前银行B与银行C的存款份额来看，银行B比银行C具有更大的规模，在同时投保存款保险的情况下，原市场份额较高的银行B，其存款份额得到了更大的提升。最后，在三家银行同时投保的情况下（保障水平均为80%），新均衡状态下各银行存款市场份额的具体结果见图3-1（d）。在三家银行都投保的情况下，银行A重新占领了存款市场的最大份额，三家银行市场份额高低的排名恢复到与未实行存款保险制度前相同的情况，即A银行最高，B银行其次，C银最低。值得注意的是，在银行系统均投保存款保险的情况下，原存款份额最高的 A 银行存款份额进一步提高，而原存款份额最低的 C 银行存款份额进一步下降。

总的来说：在部分银行投保的情况下，银行系统中总存款倾向于由未投保银行转移至已投保银行；在所有银行均投保的情况下，银行系统中也出现了存款转移效应，且这种效应倾向于使原存款市场份额高的银行进一步提高市场份额，而原存款市场份额低的银行进一步降低市场份额。

三　敏感性分析

假设三家银行均投保存款保险，且投保比例（保障水平）相同，均为 β。令投保比例 β 在 0% 至 100% 之间变化，保持其他参数不变，得到均衡状态下各银行存款份额 $\overline{n}_{i,a}$ 随投保比例 β 变化的趋势曲线，具体结果见图 3-2。上节的研究结果表明：在所有银行均投保的情况下，存款保险制度的存款转移效应倾向于使原存款市场份额高的银行进一步提高市场份额，而原存款市场份额低的银行进一步降低市场份额。从图 3-2 的结果可以发现，各银行存款份额随投保比例的变化曲线可分为两个阶段：当投保比例在约 25% 以下时，随投保比例的增加，上述存款转移效应逐渐加强，各银行存款市场份额的变化对投保比例存在一定的敏感性；当投保比例超过约 25% 以上时，随投保比例的增加，各银行存款市场份额保持了一定的稳定性，上述存款转移效应并没有进一步加强。总的来看，在低投保比例情况下（本模拟实验的临界投保比例约25%），存款保险的存款转移效应对投保比例存在一定的敏感性，投保比例增加可强化存款转移效应；在中高投保比例情况下，存款保险的存款稳定效应对投保比例的变化不具有敏感性，即超过一定水平后，提高投保比例不会进一步强化存款保险制度可能产生的存款转移效应。

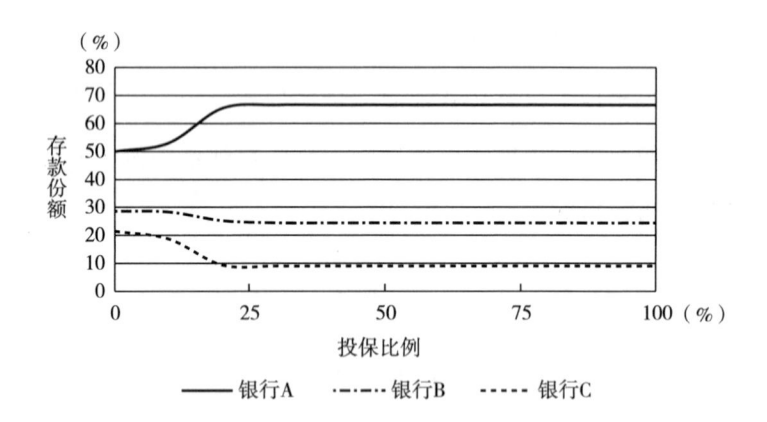

图 3-2　各银行存款份额随投保比例变化的趋势

进一步，令额外效用率参数 γ 在 0.005‰到 0.45‰之间变化，各银行投保比例均为 80%，其他参数保持不变，得到均衡状态下各银行存款份额 $\bar{n}_{i,a}$ 随额外效用率参数 γ 变化的趋势曲线，具体结果见图 3-3。由图 3-3 可知，随额外效用率参数的增大，各银行存款市场份额的差异有了一定程度的弱化，即存款保险制度的存款转移效应随额外效用率参数的增加而逐渐减弱。存款保险制度对存款效用的影响是直接的，而对额外效用的影响是间接的，因此当额外效应率参数逐渐增加，存款效用相对于额外效用的重要程度下降，存款保险制度可能产生的存款份额的影响也因此有了一定程度的弱化。

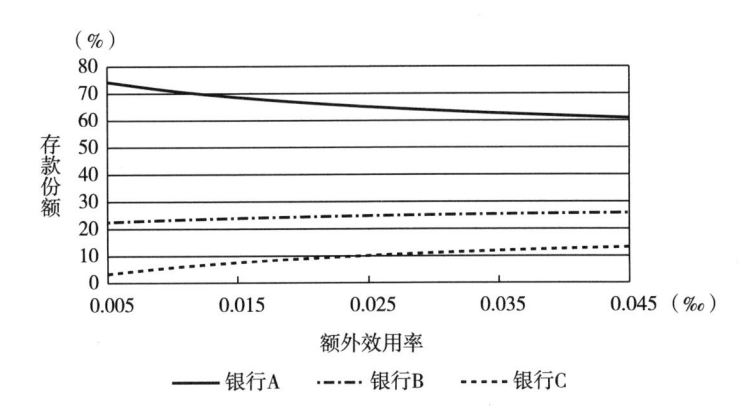

图3-3 各银行存款份额随额外效用率变化的趋势

本章小结

本章构建了存款人进化模型,刻画了存款保险制度实施前后,存款人选择和改变存款银行的动态决策过程,在一个代表性国家的框架下,给出了均衡状态下度量各银行投保前后存款份额变化情况的模型,并给出了模拟分析结果及部分参数的敏感度测试。研究结果显示:①在部分银行投保的情况下,银行系统中总存款倾向于由未投保银行转移至已投保银行;②在所有银行均投保的情况下,银行系统中也出现了存款转移效应,且这种效应倾向于使原存款市场份额高的银行进一步提高市场份额,而原存款市场份额低的银行进一步降低市场份额;③在低投保比例情况下,存款保险的存款转移效应对投保比例存在一定的敏感性,投保比例增加可强化存款转移效应;④在中高投保比例情况下,提高投保比例不会进一步强化存款保险制度可能产生的存款转移效应;⑤随额外效用率参数的增大,存款保险制度的存款转移效应出现了一定程度的弱化。

不同风险效应下存款保险定价模型研究

第四章 存款保险定价方法的理论分析及研究概述

第一节 问题的提出

存款保险制度作为一种以保险产品为内核的制度，确定合理的存款保险价格，使收缴上来的保费既能够补偿理赔成本，又有一定的抵御极端风险的储备，同时能够维持存款保险机构正常运作的管理费用，是制度正常运作、发挥风险稳定效应的关键。一般来说，存款保险价格以存款保险总保费或费率的形式给出，其中，存款保险总保费表示银行为其存款投保的实际总支出金额，而存款保险费率是总保费金额占总投保存款金额的比例，一般以千分数或百分数的形式给出。在实际运作过程中，存款保险机构首先给出各银行对应的存款保险费率水平，银行再由费率和投保存款金额的乘积计算应缴纳的存款保险总保费金额，最后银行按照相应保费水平缴纳保费。可见，如何合理确定各银行面临的存款保险费率水平，即费率厘定机制，是整个存款保险制度的核心和关键。

有效的存款保险费率确定方法需要具备几方面要求。首先，基于费率机制计算的存款保险保费,要能够保证存款保险基金的充足性。各银行各年度缴纳的存款保险总保费,集中存入存款保险机构后,将建立一项存款保险基金,用于对问题银行的赔付以及作为危机年份赔偿的储备资金。存款保险基金具有金额大、期限长等特点,存款保险基金的充足性问题关系到整个制度的可持续性,是存款保险定价方法首先要重视的问题。其次,存款保险费率要兼顾公平性和效率性。有效的存款保险费率厘定机制应能够反映不同银行的风险水平,高风险银行面临高费率,低风险银行对应低费率,这样的机制具有很好的激励相容特性,能够激励银行控制好自身的风险水平。然而,如第二章、第三章、第四章所述,基于风险的差别费率机制同样有可能产生风险扭曲效应,进一步加大优劣银行的差距。合理的存款保险费率厘定机制要求兼顾上述两方面的因素,既保持客观公平,又有利于市场的良性竞争。最后,存款保险费率机制应该能在中长期范围内尽量避免或弱化顺周期效应。存款保险风险费率要求缴纳保费与风险程度相匹配,但是,银行系统整体风险水平具有很高的周期效应。在经济上行期,银行业整体的破产风险都很低,存款保险费率也相对较低,而在经济下行期则恰好相反,各银行均面临相对较高的费率水平。如前所述,费率的这种顺周期效应应被考虑进费率厘定的过程中,在短期费率定价方法的基础上,引入中长期范围内的压力测试,以经济周期波动的不同预期水平为假设条件,测试费率机制的抗压能力已成为十分必要的工作。这项内容在存款保险制度实施之初的我国,显得尤为重要。

在考虑存款保险制度各种风险效应的基础上,构建既能保持存款保险基金充足性,又能维持市场竞争活力的存款保险定价方法,值得进一步深入探讨。本章将就这一问提进行理论分析和文献梳理。本章其余部分安排如下：第二节对当前存款保险差别费率的确定依据进行介绍和分析；第三节针对现有存款保险定价方法进行相关研究的综述，归纳现有文献的研究角度和相关结论，总结研究不足，为进一步研究更加合理高效的存款保险定价方法奠定基础；第四节总结本章的主要结论。

第二节 当前存款保险差别费率的确定依据

存款保险费率机制主要分为统一费率制和差别费率制两种。顾名思义，统一费率制要求存款保险体制内的所有银行或金融机构使用同样的存款保险费率，而差别费率制下，各银行适用的存款保险水平可以不相同，通常与其经营风险正相关。目前，世界范围内已有20多个国家实行差别费率制的存款保险制度，如德国2002年开始把所有的合作金融机构按照风险程度分成3类，美国1994年将所有投保机构分成9个级别，分别制定不同的存款保险费率。

存款保险差别费率的制定主要有下列几种依据：

（1）根据银行财务状况确定存款保险费率水平。在这种模式下，存款保险费率水平的确定依据主要来自于财务报表能够反映出的信息，包括银行资产的类型及其集中度、银行负债的类型及其集中度、能够影响银行损失概率的因素、存款保险机构对银行的收益要求等。除此之外，还有的国家将银行资本充足率、银行不良贷款率、银行的内部控制、盈利状况和银行的流动性状况等都作为确定存款保险费率的依据。

（2）基于期权定价模型的存款保险费率厘定方法。Merton（1977）[①]的期权定价模型是多数存款保险定价或保险费率估算方法的主要理论依据之一。该方法将存款保险视为银行资产的一份卖出期权，进而建立了以银行资产为标的的测算存款保险合约价值的理论框架。在基本的 Merton 期权定价方法的基础上，近年来，考虑投保比例、监管宽容等条件下，各种奇异期权、期权组合模型下的存款保险定价方法，也得到了发展和完善。

（3）基于预期损失估计的存款保险费率厘定方法。该方法的核心是估计商业银行存款的预期违约概率，进而测算预期违约损失，以存款保险机构赔偿责任的期望现值作为确定存款保险费率的依据。其中违约概率一般采用基础分析法或市场分析法来估计。基础分析法类似于 CAMEL 的评级方法，是基于会计价值进行核算的评估方法；市场分析法则是以未保险的银行债务，如大额存单、同业存款、次级债券等的额度及其利率或收益率水平为依据的核算评估方法。

第三节　存款保险定价方法的研究概述

一　国外银行存款保险定价研究的主要方法、进展及其评述

（一）基于期权定价模型的方法及其研究进展

期权定价模型是存款保险定价方法研究领域里最基本和主要的

[①] Merton, Robert C., "An analytic derivation of the cost of deposit insurance and loan guarantees An application of modern option pricing theory", *Journal of Banking and Finance*, 1977, 1 (1): 3–11.

第四章　存款保险定价方法的理论分析及研究概述 | 81

方法之一。存款保险期权定价模式的基本思路是：将银行资产价值看作符合对数正态分布的随机过程，存款保险机构承担的赔偿责任可以看作以银行资产价值为标的、以存款价值为行权价格的欧式看跌期权，而存款保险的合理价格即可看作这份期权的价格。在基本的期权定价模型的基础上，很多学者进行了多方面的拓展。拓展的基本视角包括：①对期权定价模型的完善改进，或研究期权定价模型与其他经典模型组合，构建更具合理性的存款保险定价模型；②对模型参数估计方法的改进和创新，提高定价模型应用的准确性和可行性；③适当增加或放宽模型的约束条件，将模型的适用范围进行细化，以构造更符合客观实际情况的存款保险定价方法。其中，第三方面的扩展最为丰富，包括考虑存款保险获得前后银行资产价值随机过程或分布参数变化的存款保险定价方法；考虑红利对存款准备金影响的存款保险定价模型；监管宽容和债务展期制度下的存款保险定价模型；暂缓行使债权人权利的存款保险定价模型；考虑信贷风险特征对存款保险影响的存款保险定价模型等。

将这部分研究成果按照时间脉络进行总结，列明各研究主要研究方法或研究角度的创新性贡献，具体结果见表4-1。

表4-1　　　　基于期权定价模型的方法及其研究进展

时间	代表性作者	主要贡献
1977	Merton[①]	将银行的存款保险看作银行资产价值的一项看跌期权，从而可以利用 Black – Scholes – Merton 期权定价模型

---

① Merton, Robert C., "An analytic derivation of the cost of deposit insurance and loan guarantees An application of modern option pricing theory", *Journal of Banking and Finance*, 1977, 1 (1): 3–11.

续表

时间	代表性作者	主要贡献
1984	Marcus 和 Shaked[①]	刻画了银行资产价值在获得存款保险前后的不一致特征,且考虑了股票红利对内部准备金的影响效果
1986	Ronn 和 Verma[②]	沿用了 Merton 的思路,并做了重要的拓展——明确考虑了监管宽容
1994	Duan 等[③]	用最大似然估计法来处理存款保险制度中不可直接观察变量的估计问题,并将之运用到期权定价方法上
1995	Duan 等[④]	开发了 GARCH 期权定价模型,用于考察金融资产的某些特性:收益的厚尾分布、波动聚集和杠杆效应等,以利于对存款保险定价期权模型的截面数据进行刻画
1995	Pennacchic[⑤]	将 Merton (1977) 模型拓展成无限期模型,且认为有限期的单期模型可能会低估存款保险的价值
1996	Acharya[⑥]	给陷入困境银行特许价值 (Charter Value) (包括监管宽容),有利于激励银行通过减少道德风险来获取这个价值
1999	Anderson 和 Cakici[⑦]	引入利率期限结构及利率条件合约计算存款保险费率
2001	Dermine 和 Lajeri[⑧]	模拟估算了对贷款风险非常敏感的保险费率,发现忽视银行信贷风险特性的存款保险定价模型将会严重低估存款保险费率

---

① Alan J. Marcus and Israel Shaked, "The valuation of FDIC deposit insurance using option – pricing estimates", *Journal of Money, Credit, and Banking*, 1984, 16 (4): 446 – 460.

② Ehud I. Ronn and Avinash K. Verma, "Pricing risk – adjusted deposit insurance: An option – based model", *The Journal of Finance*, 1986, 11 (4): 871 – 895.

③ Jin – Chuan Duan and Min – Teh Yu, "Forbearance and pricing deposit insurance in a multi – period framework", *The Journal of Risk and Insuramrance*, 1994, 61 (4): 575 – 591.

④ Jin – Chuan Duan, Arthur F. Moreau and C. W. Sealey, "Deposit insurance and bank interest rate risk: Pricing and regulatory implications", *Journal of Banking & Finance*, 1995, 19: 1091 – 1108.

⑤ Pennacchic, George G. and Gortona, Gary B., "Banks and loan sales Marketing non-marketable assets", *Journal of Monetary Economics*, 1995, 35 (3): 389 – 411.

⑥ Sankarshan Acharya, "Charter value, minimum bank capital requirement and deposit insurance pricing in equilibrium", *Journal of Banking & Finance*, 1996, 20: 351 – 375.

⑦ Anderson, Ronald W. and Nusret Cakici, "The value of deposit insurance in the presence of interest rate and credit risk", *Financial Markets, Institutions & Instruments*, 1999, 8 (5): 45 – 62.

⑧ Jean Dermine and Fatma Lajeri, "Credit risk and the deposit insurance premium: a note", *Journal of Economics and Business*, 2001, 53: 497 – 508.

续表

时间	代表性作者	主要贡献
2004	Jacky So 和 Jason Z. Wei[①]	使用期权模型来研究暂缓行使债权人权利的效率,并将银行承担的由道德败坏而形成的信用风险内生化
2005	Shih – Cheng Lee 等[②]	将资本不足的金融机构的展期视为一项期权,构建存款保险定价模型,得出一个闭式解
2006	Adler 和 Joe[③]	讨论了 FDIC 提出的一个保险存款定价新方案。资产超过 100 亿的大型银行依据缴纳存款保险费率的高低划分为 6 类;保费从 2—4 个基点不等,认为即使在相同的风险条件下,大型银行相对于小型银行应支付更高的存款保险费率
2009	Dar – Yeh Hwang 等[④]	将银行破产成本设置成资产收益波动率的函数,论证了银行破产成本是影响存款保险费率水平的重要因素,构建了包含破产成本及相关监管宽容等政策的存款保险定价模型
2011	Mbarek, L. 和 Hmaied, D. M.[⑤]	以突尼斯银行系统为样本,研究了购买存款保险对银行信贷风险的影响,实证分析了存款保险对银行产生的风险激励效应
2013	Engineer, M. H. 等[⑥]	研究了存款保险制度在欧盟国家金融体系竞争中所起的正面效用,实证分析了不同国家存款保险条款对各国金融系统的不同影响

[①] So, Jacky and Wei, J. Z., "Deposit insurance and forbearance under moral hazard", *The Journal of Risk and Insurance*, 2004, 71 (4): 707 – 735.

[②] Shih – Cheng Lee, Jin – Ping Lee and Min – Teh Yu, "Bank capital forbearance and valuation of deposit insurance", *Canadian Journal of Administrative Sciences*, 2005, 22 (3): 220 – 229.

[③] Adler and Joe, "FDIC's premium revamp seen costing big banks", *American Banker*, 2006, 171 (135): 4 – 4.

[④] Dar – Yeh Hwang, Fu – Shuen Shie and Kehlyg Wang, "The pricing of deposit insurance considering bankruptcy costs and closure policies", *Journal of Banking&Finance*, 2009, 33: 1909 – 1919.

[⑤] Mbarek, L. and Hmaied, D. M., "Deposit insurance and bank risk – shifting incentives: Evidence from the Tunisian banking system", *Journal of Money, Investment & Banking*, 2011, 20: 41 – 53.

[⑥] Engineer, M. H., Schurea, P. and Gillis, M., "A positive analysis of deposit insurance provision: Regulatory competition among European Union countries", *Journal of Financial Stability*, 2013, 9: 530 – 544.

续表

时间	代表性作者	主要贡献
2014	Chia-Ling、Lai 和 Lee[①]	以中国台湾地区的金融改革经验为背景，研究了不同的经济环境下，存款保险基金的充分性
2015	Glenn Boyle 等[②]	运用联合分析方法，研究了存款保险制度对存款人心理的影响，实证分析表明危机期间存款保险制度能够在一定程度上提升存款人信心

（二）基于预期损失估计定价法的研究进展

基于期权定价模型的存款保险费率厘定方法存在一定的局限性，银行资产收益率、波动率的估计需要用到包括银行权益价值在内的大量数据，而基于目前银行数据的可得性问题，能够应用期权定价方法测算存款保险费率的银行局限在上市银行的范围内。预期损失估计法有利于克服期权定价法仅适用于上市银行的局限，其中，银行破产的预期损失价值＝银行预期的违约概率×银行的风险暴露×给定违约概率下的损失率。

在预期损失估计定价方法的框架下，相关研究主要从下列几个方面进行拓展：①如何对银行资产的预期损失金额进行更加准确的估计；②对银行预期违约概率、违约强度计算模型的构建；③对银行违约风险利差的估计；④上述各模型参数的影响因素分析及参数估计的优化方法；⑤比例危险模型的构建等。根据近年来相关研究的主要成果，总结各研究具体方法和主要目的，具体结果见表4-2。

[①] Chia-Ling, Ho C. L., Lai, G. C. and Lee, J. P., "Financial reform and the adequacy of deposit insurance fund: Lessons from Taiwanese experience", *International Review of Economics and Finance*, 2014, 30: 57–77.

[②] Glenn Boyle, Roger Stover, Amrit Tiwana and Oleksandr Zhylyevskyy, "The impact of deposit insurance on depositor behavior during a crisis: A conjoint analysis approach", *Journal of Financial Intermediation*, 2015, 24: 590–601.

表4-2　　　　　　　　预期损失估计法的研究进展

代表性方法或工作	主要依据或目的
Z-score 模型、Zeta 模型、Probit 模型及 Logit 模型等	预期违约概率、违约强度及违约风险利差的估计
基本分析、市场分析或评级分析	预期违约概率的估计：基本分析典型地运用 CAMEL 类评级；市场分析主要是依据利率或诸如存款单、同业存款、次级债务、债券等银行未保险债务的额度及其收益率等；评级分析则利用诸如穆迪公司和标准普尔公司等评级机构的信用评级；资本充足率通常用两个评级机构 A. M. Best 和标准普尔的风险分类方法及其资本充足指标
Merton（1974）[1]	运用期权定价方法来估计固定收益工具的违约风险利差
Jarrow 和 Turnbull（1995）[2]	通过固定违约损失（LGD）和具有指数分布的违约时间等假设，提出第一个简约化模型，其中违约时间由违约强度确定的泊松过程刻画，并假设无风险利率与违约损失互相独立
Jarrow、Lando 和 Turnbull（1997）[3]	将违约强度过程设为有限状态的马尔可夫过程，并假设违约时间与无风险利率相互独立
Lando（1998）[4]	发展了违约强度的概念，将其视为随机变量，用带有连续时变随机强度的 Cox 过程描述违约次数，违约时间由 Cox 过程发生第一次跳跃的时间计量
Duffie 等（2003）[5]	基于违约风险条件下固定收益债券的简约定价思想，构建了风险中性条件下的存款保险费率定价模型

---

[1] Merton, Robert C., "On the pricing of corporate debt: The risk structure of interest rates, *The Journal of Finance*, 1974, 29 (2): 449–470.

[2] Robert A. Jarrow and Stuart M. Turnbull, "Pricing derivatives on financial securities subject to credit risk", *The Journal of Finance*, 1995, 50 (1): 53–85.

[3] Robert A. Jarrow, David Lando and Stuart M. Turnbull, "A markov model for the term structure of credit risk spreads", *The Review of Financial Studies*, 1997, 10 (2): 481–523.

[4] David Lando, "On cox processes and credit risky securities", *Review of Derivatives Research*, 1998, 2 (2–3): 99–120.

[5] Duffie, D., Jarrow, R. and Purnanandam, A., "Market pricing of deposit insurance", *Journal of Financial Services Research*, 2003, 24 (2–3): 93–119.

续表

代表性方法或工作	主要依据或目的
Keenan 等（2006）[①]	发展了传统的比例危险模型，将基线函数服从某一确定路径的假设改进为服从某一随机过程，构建了较易实施的简约化模型
Andrea Sironi 等（2004）[②]	选取包括资本充足度、运营能力、收益能力等六大类共20种财务指标，使用神经网络、支持向量机和多维统计方法，以土耳其银行业为样本，预测银行财务危机的可能性
Staum, J. C.（2012）[③]	在银行资产价值离散变化的假设下，考虑了银行破产的负外部性，据此计算的存款保险费率能在一定程度上反映个别银行对系统风险的影响
Kiss, H. J. 等（2012）[④]	实证分析了存款保险对银行发生挤兑现象的影响，得到存款保险对银行系统风险传导抑制程度的相关参数
Quijano, M（2013）[⑤]	研究了金融系统的脆弱性、存款保险以及未保险的存款对银行债务成本产生的影响

二 国内对银行存款保险定价的研究进展

虽然国内对存款保险定价方法的相关研究起步较晚，但相关学者也取得了可喜的成绩。主要研究方向和角度可概括为：①针对国

[①] Donald C. Keenan, Alexey A. Smurov and James B. Kaul, "Reduced form mortgage pricing as an alternative to option - pricing models", *The Journal of Real Estate Finance and Economics*, 2006, 33（3）: 183 - 196.

[②] Andrea Sironi and Cristiano Zazzara, "Applying credit risk models to deposit insurance pricing: Empirical evidence from the Italian banking system", *Journal of International Banking Regulation*, 2004, 6（1）: 10 - 32.

[③] Staum, J. C., "Systemic risk components and deposit insurance premia", *Quantitative Finance*, 2012, 12（4）: 651 - 662.

[④] Kiss, H. J., Rodriguez, I. and Garcia, A. R., "On the effects of deposit insurance and observability on bank runs: An experimental study", *Journal of Money, Credit and Banking*, 2012, 44: 1651 - 1665.

[⑤] Quijano, M., "Financial fragility, uninsured deposits, and the cost of debt", *The North American Journal of Economics and Finance*, 2013, 24（1）: 159 - 175.

外存款保险制度的构建情况和相关研究进展,对发达国家存款保险制度设置的条款进行研读与消化;②在学习经典定价模型的基础上,利用我国具体数据构建符合我国实际情况的存款保险定价模型,并进行实证研究和检验;③根据我国银行体系、监管制度的实际情况,分析影响我国存款保险制度有效构建的相关因素;④对我国存款保险制度的创新性设计与合理化构想等。总结国内相关研究的主要方法及结论,具体结果见表4-3。

表4-3　　　　国内对银行存款保险定价的研究进展

代表性作者	主要工作
沈福喜等(2002)[①]、苏宁(2007)[②]	将影响存款保险定价的因素概括为:存款保险制度建立时的背景与实施运作时间的长短、存款结构与规模状况或存款保险范围、参保机构倒闭风险事件及损失状况、存款保险基金净值及其与投保银行被保险存款总额之比等
魏志宏(2004)[③]	基于Merton的期权定价模型及预期损失定价方法的思想,应用信用评级分析方法来设计我国的存款保险定价体系
罗滢(2005)[④]、苏宁(2007)	对存款保险制度的历史、监管的理论基础、制度设计的基本框架及中国建立存款保险制度的选择等,提出了十分有益的建议
孙杨(2005)[⑤]	运用期权定价模型对我国五家上市银行的存款保险费率进行了实证分析,测算得出这些上市银行的存款保险费率在0.039%—0.749%

---

① 沈福喜、高阳、林旭东:《国外存款保险费率的借鉴与统计研究》,《统计研究》2002年第2期。

② 苏宁:《存款保险制度设计——国际经验与中国选择》,社会科学文献出版社2007年版。

③ 魏志宏:《中国存款保险定价研究》,《金融研究》2004年第5期。

④ 罗滢:《存款保险:理论与实践》,社会科学文献出版社2005年版。

⑤ 孙杨:《商业银行道德风险与存款保险定价研究》,《产业经济研究》2005年第5期。

续表

代表性作者	主要工作
张金宝和 任若恩（2007）[1][2][3]	研究了我国商业银行的债务清偿结构及其对保险费率的影响
朱波和黄曼（2008）[4]	用考虑监管宽容的 Ronn – Verma（1986）模型来估算上市银行的保险费率，并针对我国大多银行未上市的现实，提出"市场对照"法，即利用上市银行的数据估计参数，将之代入 Ronn – Verma（1986）模型估计非上市银行的存款保险费率
李金迎和 詹原瑞（2010）[5]	依据上市银行的股权价格对存款保险进行估价，给出基于随机赔偿的存款保险二叉树定价模型
展雷艳（2010）[6]	将监管宽容与未保险存款的利率两个参数引入看跌期权模型，并通过估算得出中国不适合采用单一费率，而宜采用风险调整费率的结论
李钢等（2010）[7]	基于存款保险总基金的视角，剔除了经济周期因素对各银行资产风险的影响，在中长期范围内研究银行系统合理的总保费额度
孙晓琳等（2011）[8]	借鉴国外经验，将监管宽容引入存款保险制度，在允许问题银行存在一定资本展期的情况下，给出各银行存款保险的定价模型

---

[1] 张金宝、任若恩：《基于商业银行资本配置的存款保险定价方法研究》，《金融研究》2007 年第 1 期。

[2] 张金宝、任若恩：《未保险存款的利率对存款保险定价的影响》，《系统工程》2007 年第 4 期。

[3] 张金宝、任若恩：《银行债务的清偿结构与存款保险定价》，《金融研究》2007 年第 6 期。

[4] 朱波、黄曼：《监管宽容下的存款保险定价应用研究》，《南方经济》2008 年第 12 期。

[5] 李金迎、詹原瑞：《信用风险与存款保险定价：方法与实证》，《西北农林科技大学学报》（社会科学版）2010 年第 1 期。

[6] 展雷艳：《基于 Merton 模型的存款保险定价研究》，《技术经济》2010 年第 3 期。

[7] 李钢、赵武、曾勇：《去周期影响的存款保险费率定价研究》，《金融研究》2010 年第 7 期。

[8] 孙晓琳、秦学志、陈田：《监管宽容下资本展期的存款保险定价模型》，《运筹与管理》2011 年第 1 期。

续表

代表性作者	主要工作
刘海龙和 杨继光（2011）[①]	结合存款保险定价的期权定价法和期望损失定价法，认为存款保险定价不仅与银行资产的风险和收益有关，而且与银行资本持有状况和存款的参保比率有密切关系，通过理论推导得到了存款保险定价公式

三　国内外银行存款保险定价研究的主要不足

国外银行存款保险定价方法和实务均取得了重要进展和宝贵经验，国内相关研究也取得了可喜的进步，为适宜我国情境的存款定价制度的构建奠定了基础。

当前研究仍存在诸多不足，主要体现为：

（1）目前对存款保险定价的方法多以各银行自身的风险收益为依据，较少考虑各银行对金融系统总体风险的贡献，据此确定的存款保险保费与保险机构实际承担的总风险可能并不相符，从中长期范围来看存款保险基金可能难以收支平衡。

（2）理论依据上侧重对单周期内的单个银行或某信用级别银行的财务与风险指标特别是破产概率、预期损失等的测算，对风险在银行间的传导效应，尤其是重大金融突发事件、不同缴费模式、长期限情况下的传导效应和定价模式，缺乏系统性研究。

（3）如何既能维持存款保险风险费率对银行道德风险的抑制效应，又能缓解费率的亲周期特性，据此制定具有"丰年补救欠年"特征的逆周期式保险费率，几乎未见突破性研究。

---

① 刘海龙、杨继光：《基于银行监管资本的存款保险定价研究》，《管理科学学报》2011年第3期。

本章小结

本章针对本书第二部分"不同风险效应下存款保险定价模型研究"的研究主题，进行文献梳理和总结。对现有存款保险主要定价方法的问题，进行理论分析和相关研究概述，归纳现有文献中常用的几种存款保险定价方法，比较不同定价方法的优势和劣势，总结研究不足，为进一步研究考虑风险效应的存款保险定价方法问题奠定基础。

第五章　考虑银行破产外部效应的存款保险定价模型

第一节　问题的提出

存款保险制度是抵御金融系统风险的重要工具，如何保障存款保险基金的充足性问题尤为重要。根据各银行的风险程度合理确定各银行面临的存款保险费率，收缴保费建立充足的存款保险基金，是制度能够良好运作，转移和分散银行系统风险的重要保证。在隐性存款保险阶段，当银行经营不善，资不抵债时，一国的政府往往充当了最后贷款人的角色，此时银行往往处于一种"隐性破产"的阶段。而当一国开始实行权责明晰的显性存款保险制度，也即表明政府开始允许"银行破产"现象的发生。当银行出现经营危机，不得不破产进入清算阶段时，破产清算过程中产生的相关成本即"破产成本"，破产成本的直接影响是会进一步降低破产银行的清算价值，而实际上除了对破产银行自身的影响，这种破产成本还会通过系统风险传导的方式影响银行系统中的其他银行。1985—1988年美国倒闭银行资产的平均损失达到30%，与银行停业相关的直接花费平均达到资产的10%。① 受经济危机的影响,2009年3月,美国联邦存款保险公司将美国银行在2009—2013年的破产成本预估上调一倍。Buser 等(1981)② 指出,银行倒闭风险和破产成本是存款保险公司需审慎面对的问题。

一般认为,相对其他行业,银行倒闭产生的总费用更高,这是由于银行倒闭不仅对本银行产生影响,也会对整个银行系统产生不利的影响,这使违约银行的资产面临额外损失。1929—1933年,美国大型银行的直接破产成本高于非金融企业。③ Acharya 等(2010b)④ 指出存款保险面临一种额外成本,即一个银行的破产会增加其他银行由于流动性问题而产生的损失。因此一个银行的破产不仅使其自身资产价值在清算过程中发生损失,还会对整个银行系统带来不利影响,造成额外损失。银行因破产而产生的额外成本可看作银行破产的负外部效应。目前考虑银行破产外部效应的存款保险定价策略研究尚不完善。Hwang 等(2009)⑤ 考虑了银行破产成本和银行倒闭的政策因素,利用期权定价模型计算了存款保险定价模型的封闭解,但是没有考虑银行倒闭的外部效应。Staum

---

① James, C., "The losses realized in bank failures", *Journal of Finance*, 1991, 46 (4): 1223–1242.

② Buser, S. A., Chen, A. H. and Kane, E. J., "Federal deposit insurance, regulatory policy, and optimal bank capital", *The Journal of Finance*, 1981, 36 (1): 51–60.

③ Gendreau, B. C. and Prince, S. S., "The private cost of bank failures: Some historical evidence", *Federal Reserve Bank of Philadelphia Business Review*, 1986 (3): 3–14.

④ Acharya, V. V., Santos, J. A. C. and Yorulmazer, T., "Systemic risk and deposit insurance premiums", *FRBNY Economic Policy Review*, 2010b (8): 89–99.

⑤ Hwang, D. Y., Shie, F. S., Wang, K. and Lin, J. C., "The pricing of deposit insurance considering bankruptcy costs and closure policies", *Journal of Banking & Finance*, 2009, 33 (10): 1909–1919.

(2012)[1] 从系统风险的角度研究存款保险的定价模型，考虑了银行资产流动性对系统风险的贡献，但没有考虑银行破产清算过程的成本。鉴于目前研究的不足，本章构建了考虑银行违约外部效应的存款保险定价模型，以银行破产直接损失的期望现值作为计算纯费率的依据，以银行破产对整个银行系统可能产生的负外部效应期望值作为计算附加费率的依据，构建的费率测算方法能够在一定程度上缓解费率低估问题，最后对相关参数引致的效应进行了模拟分析。

本章的其他部分安排如下：第二节给出基本的模型假设和推导建模过程，第三节进行模拟分析及部分参数的敏感性分析，第四节给出本章小结。

第二节　模型的建立

一　基本假设和运算

假设整个银行系统有 n 个银行，每个银行的全部负债均来源于存款，且存款和利息都已被保险。在保险期初——0 时刻银行 i 的资产价值为 a_i^0，存款价值为 d_i^0。在保险期末——T 时刻，如果银行资产价值小于负债价值，即权益价值为负，则银行破产。T 时刻银行 i 的权益价值表示为 $u_i^T = a_i^T - d_i^T$。定义：

$$U_i^{T+} = \begin{cases} 1 & u_i^T \geq 0 \\ 0 & u_i^T < 0 \end{cases}, \quad U_i^{T-} = \begin{cases} 0 & u_i^T \geq 0 \\ 1 & u_i^T < 0 \end{cases}$$

---

[1] Staum, J. C., "Systemic risk components and deposit insurance premia", *Quantitative Finance*, 2012, 12 (4): 651–662.

易得 $U_i^{T+} + U_i^{T-} = 1$。U_i^{T+} 取 1 表示银行 i 在 T 时刻的权益价值为正；U_i^{T-} 取 1 表示银行 i 在 T 时刻的权益价值为负，银行发生违约。保险公司保险期末的总赔付额等于违约银行期末存款价值与其资产清算价值之差：

$$R^T = \sum_{i=1}^{n} U_i^{T-} d_i^T - S^T \qquad (5-1)$$

其中，S^T 表示 T 时刻所有违约银行资产的总清算价值。

违约银行资产清算价值受到两方面因素影响：一是违约银行资产的账面价值；二是市场对违约银行资产的收购能力。违约银行资产的收购方由两部分组成：银行系统内的其他不违约银行和银行系统外的其他机构。一般而言，发生于银行系统内的收购，其产生的相关成本要比系统外收购的成本低。[①] 收购需要满足如下条件：

（1）来自于银行系统内的收购方具有优先权：违约银行的资产优先出售给系统内其他不违约银行，超过银行系统收购能力的部分由系统外其他机构收购。

（2）违约银行 i 被系统内其他银行收购时破产成本较小，为 T 时刻银行 i 资产账面价值的 β_1 倍，即 $\beta_1 a_i^T$；被系统外其他机构收购时，破产成本较大，为 T 时刻银行 i 资产账面价值的 β_2 倍，即 $\beta_2 a_i^T$。其中 $\beta_1 < \beta_2$。

（3）T 时刻银行系统对违约银行资产的收购能力以 T 时刻银行系统中不违约银行总资产的一定比例为限，该比例记为 λ，$0 < \lambda \leq 1$。即 T 时刻能够在银行系统内实现收购的违约资产总值不超过 $\lambda \sum_{i=1}^{n} U_i^{T+} a_i^T$。

[①] Acharya, V. V., Santos, J. A. C. and Yorulmazer, T., "Systemic risk and deposit insurance premiums", *FRBNY Economic Policy Review*, 2010b (8): 89 – 99.

(4)被收购银行的资产具有可分性,即同一银行资产可以出售给不同收购者。

(5)假设银行系统外其他机构的收购能力没有限制。

则 T 时刻所有违约银行资产的总清算价值 S^T 为:

$$S^T = G(x, y) = \begin{cases} (1-\beta_1)x & x \leq \lambda y \\ (1-\beta_1)\lambda y + (1-\beta_2)(x-\lambda y) & x > \lambda y \end{cases} \quad (5-2)$$

其中,$x = \sum_{i=1}^{n} U_i^{T-} a_i^T, y = \sum_{i=1}^{n} U_i^{T+} a_i^T$。将式(5-2)代入式(5-1)得到:

$$R^T = \begin{cases} \sum_{i=1}^{n} U_i^{T-} d_i^T - (1-\beta_1)x & x \leq \lambda y \\ \sum_{i=1}^{n} U_i^{T-} d_i^T - (1-\beta_1)\lambda y - (1-\beta_2)(x-\lambda y) & x > \lambda y \end{cases}$$

令 $L^T = \sum_{i=1}^{n} U_i^{T-}(d_i^T - a_i^T)$ 表示 T 时刻所有违约银行存款的账面损失,则 T 时刻所有违约银行的总破产成本,等于 T 时刻所有违约银行的总损失额(保险公司总赔付额)与其存款账面损失之差,得到:

$$C^T = R^T - L^T$$

$$= \begin{cases} \sum_{i=1}^{n} U_i^{T-} d_i^T - (1-\beta_1)x - \sum_{i=1}^{n} U_i^{T-}(d_i^T - a_i^T) & x \leq \lambda y \\ \sum_{i=1}^{n} U_i^{T-} d_i^T - (1-\beta_1)\lambda y - (1-\beta_2)(x-\lambda y) - \sum_{i=1}^{n} U_i^{T-}(d_i^T - a_i^T) & x > \lambda y \end{cases}$$

$$= \begin{cases} \beta_1 x & x \leq \lambda y \\ \beta_1 \lambda y + \beta_2(x - \lambda y) & x > \lambda y \end{cases} \quad (5-3)$$

保险公司在保险期初收取的总保费是期末总赔付额 R^T 的精算现值[①],包括纯保费和附加保费两部分。纯保费用于赔付承保存款的

---

① 刘海龙、杨继光:《基于银行监管资本的存款保险定价研究》,《管理科学学报》2011 年第 3 期。

账面损失，是 L^T 的精算现值，附加保费用于补偿违约银行清算产生的破产成本，是 C^T 的精算现值。得到存款保险纯保费和附加保费公式：

$$\sum_{i=1}^{n} l_i = e^{-rT} E(L^T) \qquad (5-4)$$

$$\sum_{i=1}^{n} c_i = e^{-rT} E(C^T) \qquad (5-5)$$

其中，l_i 表示银行 i 应支付的个别纯保费，c_i 表示银行 i 应支付的个别附加保费，r 是无风险利率。保险公司对银行 i 收取的个别总保费 p_i 是个别纯保费和个别附加保费之和，即：

$$p_i = l_i + c_i \qquad (5-6)$$

下面将分别计算 l_i 和 c_i。

二 个别纯保费的确定

由式（5-4）易得保险公司在 0 时刻对银行 i 收取的纯保费：

$$l_i = e^{-rT} E[U_i^{T-}(d_i^T - a_i^T)]$$

其中，$U_i^{T-}(d_i^T - a_i^T)$ 是保险公司 T 时刻对银行 i 存款账面价值损失的资金给付，满足：

$$U_i^{T-}(d_i^T - a_i^T) = \begin{cases} d_i^T - a_i^T & a_i^T < d_i^T \\ 0 & a_i^T \geq d_i^T \end{cases}$$

假设银行 i 资产服从对数正态分布，则有 $\ln a_i^T \sim \Phi\left(\ln a_i^0 + \left(\mu_i - \frac{\sigma_i^2}{2}\right)T, \sigma_i^2 T\right)$，其中，$a_i^0$ 为银行 i 期初的资产价值，μ_i 为银行 i 资产的即时收益率，σ_i 为银行 i 资产收益率的即时波动率，T 时刻银行 i 的存款价值 $d_i^T = e^{rT} d_i^0$。a_i^T 的概率密度函数满足：

$$f(a_i^T) = \frac{1}{\sqrt{2\pi}\sigma_i a_i^T \sqrt{T}} e^{-\frac{1}{2}\left(\frac{(\ln a_i^T - \ln a_i^0) - \left(\mu_i - \frac{\sigma_i^2}{2}\right)T}{\sigma_i \sqrt{T}}\right)^2}$$

则 0 时刻存款保险的个别纯保费为：

$$l_i = e^{-rT} \int_0^{d_i^T} (d_i^T - a_i^T) f(a_i^T) \mathrm{d}a_i^T \tag{5-7}$$

令 $m_i = \dfrac{(\ln a_i^T - \ln a_i^0) - \left(\mu_i - \dfrac{\sigma_i^2}{2}\right)T}{\sigma_i \sqrt{T}}$，则 m_i 服从标准正态分布，

即 $m_i \sim \Phi(0, 1)$，于是：

$$f(a_i^T) = \frac{1}{\sqrt{2\pi}\sigma_i a_i^T \sqrt{T}} e^{-\frac{1}{2}m_i^2}, \quad a_i^T = a_i^0 e^{m_i \sigma_i \sqrt{T} + \left(\mu_i - \frac{\sigma_i^2}{2}\right)T} \tag{5-8}$$

将式 (5-8) 代入式 (5-7)，得到：

$$\begin{aligned}
l_i &= e^{-rT} d_i^T \int_0^{d_i^T} f(a_i^T) \mathrm{d}a_i^T - e^{-rT} \int_0^{d_i^T} a_i^T f(a_i^T) \mathrm{d}a_i^T \\
&= e^{-rT} d_i^T \int_0^{d_i^T} \frac{1}{\sqrt{2\pi}\sigma_i a_i^T \sqrt{T}} e^{-\frac{1}{2}m_i^2} \mathrm{d}a_i^T - e^{-rT} \int_0^{d_i^T} a_i^0 e^{m_i \sigma_i \sqrt{T} + \left(\mu_i - \frac{\sigma_i^2}{2}\right)T} \\
&\quad \frac{1}{\sqrt{2\pi}\sigma_i a_i^T \sqrt{T}} e^{-\frac{1}{2}m_i^2} \mathrm{d}a_i^T \\
&= e^{-rT} d_i^T \int_{-\infty}^{k_i} \frac{a_i^T \sigma_i \sqrt{T}}{\sqrt{2\pi}\sigma_i a_i^T \sqrt{T}} e^{-\frac{1}{2}m_i^2} \mathrm{d}m_i - e^{-rT} \int_{-\infty}^{k_i} a_i^0 e^{m_i \sigma_i \sqrt{T} + \left(\mu_i - \frac{\sigma_i^2}{2}\right)T} \\
&\quad \frac{a_i^T \sigma_i \sqrt{T}}{\sqrt{2\pi}\sigma_i a_i^T \sqrt{T}} e^{-\frac{1}{2}m_i^2} \mathrm{d}m_i \\
&= e^{-rT} d_i^T \int_{-\infty}^{k_i} \frac{1}{\sqrt{2\pi}} e^{-\frac{1}{2}m_i^2} \mathrm{d}m_i - a_i^0 e^{(\mu_i - r)T} \int_{-\infty}^{k_i} \frac{1}{\sqrt{2\pi}} e^{-\frac{1}{2}(m_i - \sigma_i \sqrt{T})^2} \mathrm{d}m_i \\
&= e^{-rT} d_i^T N(k_i) - a_i^0 e^{(\mu_i - r)T} N(k_i - \sigma_i \sqrt{T}) \tag{5-9}
\end{aligned}$$

其中，$k_i = \dfrac{(\ln d_i^T - \ln a_i^0) - \left(\mu_i - \dfrac{\sigma_i^2}{2}\right)T}{\sigma_i \sqrt{T}}$，$N(\cdot)$ 是标准正态分布

的分布函数。

三 个别附加保费的确定

由式（5-3）得到 T 时刻银行系统所有违约银行的总破产成本：

$$C^T = \begin{cases} \beta_1 x & x \leq \lambda y \\ \beta_1 \lambda y + \beta_2 (x - \lambda y) & x > \lambda y \end{cases}$$

其中，$x = \sum_{i=1}^{n} U_i^{T-} a_i^T, y = \sum_{i=1}^{n} U_i^{T+} a_i^T$。

公平保费要求保险公司对每个银行收取的附加保费与其对总破产成本的贡献相一致。如果银行 i 在 T 时刻倒闭，其资产价值使 x 增加 a_i^T。银行 i 资产的清算消耗掉了银行系统对违约资产的部分收购能力，这会使其他违约银行资产被系统外收购的概率增大，进而增加整个银行系统的破产成本，这是一种负外部效应。相反，如果银行 i 在 T 时刻经营良好，其资产价值会使 y 增加 a_i^T，即增加了银行系统对违约资产的收购能力，这是一种正外部效应。因此，各银行对总破产成本的贡献，不仅包括当其面临破产清算时自身资产价值的损失，还包括该银行对银行系统带来的外部效应。综上所述，各银行对系统总破产成本的边际贡献可以作为保险公司对其收取附加保费的依据，一种简单的保费收取方案可设计为：

对第 k 个银行收取附加保费 $c_k = \begin{cases} C_k - C_{k-1} & k = 2, \cdots, n \\ C_1 & k = 1 \end{cases}$，其

中，$C_k = \begin{cases} e^{-rT} E(\beta_1 x_k) & E(x_k) \leq \lambda E(y_k) \\ e^{-rT} E[\beta_1 \lambda y_k + \beta_2 (x_k - \lambda y_k)] & E(x_k) > \lambda E(y_k) \end{cases}$，$x_k =$

$\sum_{j=1}^{k} U_j^{T-} a_j^T, y_k = \sum_{j=1}^{k} U_j^{T+} a_j^T$，$C_k$ 代表前 k 个银行总破产成本的精算现值。

然而，这样的分配方案存在明显的不公平：第一个银行计算的附加保费，不受其他银行外部效应的影响；而最后一个银行计算的附加保费包含了所有其他银行外部效应的影响，计算顺序直接影响了各银行的附加保费。

Shapley 值[①]法是美国 Shapley 教授于 1953 年提出的用于解决多人对策博弈问题的一种数学方法[②]，运用 Shapley 值法计算附加保费能剔除计算顺序的影响，实现总附加保费在各银行之间公平有效的分配。令 π 表示 $1,2,\cdots,n$ 的一种排列，$\pi(k)=i$ 表示排列中第 k 个元素是银行 i，而 $\pi^{-1}(i)=k$ 表示银行 i 处于排列中的第 k 个位置。根据 Shapley 值法，分配给银行 i 的附加保费为：

$$c_i = \frac{1}{n!}\sum_{\pi}(C_{\pi^{-1}(i)} - C_{\pi^{-1}(i)-1}) \tag{5-10}$$

其中，

$$C_{\pi^{-1}(i)} = \begin{cases} e^{-rT}E(\beta_1 x_{\pi^{-1}(i)}) & E[x_{\pi^{-1}(i)}] \leq \lambda E[y_{\pi^{-1}(i)}] \\ e^{-rT}E[\beta_1 \lambda y_{\pi^{-1}(i)} + \beta_2(x_{\pi^{-1}(i)} - \lambda y_{\pi^{-1}(i)})] & E[x_{\pi^{-1}(i)}] > \lambda E[y_{\pi^{-1}(i)}] \end{cases}$$

$$= e^{-rT}\beta_1 \min\{E(x_{\pi^{-1}(i)}), \lambda E(y_{\pi^{-1}(i)})\} + e^{-rT}\beta_2 \max\{E(x_{\pi^{-1}(i)}) - \lambda E(y_{\pi^{-1}(i)}), 0\}$$

$x_{\pi^{-1}(i)} = \sum_{k=1}^{\pi^{-1}(i)} U_{\pi(k)}^{T-} a_{\pi(k)}^T, y_{\pi^{-1}(i)} = \sum_{k=1}^{\pi^{-1}(i)} U_{\pi(k)}^{T+} a_{\pi(k)}^T$。式（5-10）计算的是所有 $n!$ 个排列下银行 i 面临的附加保费的均值。

命题：$\sum_{\pi}(C_{\pi^{-1}(i)} - C_{\pi^{-1}(i)-1}) = \sum(n-|S|)!(|S|-1)!(C_{j\in S} - C_{j\in S/\{i\}})$

---

① Shubik, M., "Incentives, decentralized control, the assignment of joint costs and internal pricing", *Management Sciences*, 1962, 8 (3): 325-343.
② 郑鑫、朱晓曦、马卫民：《基于 Shapley 值法的三级闭环供应链收益分配模型》，《运筹与管理》2011 年第 8 期。

其中，S 是集合 $\{1, 2, \cdots, n\}$ 的所有包含元素 i 的子集，$|S|$ 表示集合 S 中元素的个数。

$$C_{j\in S} = e^{-rT}\beta_1 \min\{E(x_{j\in S}), \lambda E(y_{j\in S})\} + e^{-rt}\beta_2 \max\{E(x_{j\in S}) - \lambda E(y_{j\in S}), 0\},$$

$$x_{j\in S} = \sum_{j\in S} U_j^{T-} a_j^T, y_{j\in S} = \sum_{j\in S} U_j^{T+} a_j^T \text{。}$$

证明：设集合 $\Pi(S) = \{\pi \mid \pi^{-1}(i) = |S|,$ 且 π 中前 $|S|-1$ 个元素是 S 中其他元素$\}$，则有：

$$\sum_{\pi}(C_{\pi^{-1}(i)} - C_{\pi^{-1}(i)-1}) = \sum_{S}\sum_{\pi\in\Pi(S)}(C_{\pi^{-1}(i)} - C_{\pi^{-1}(i)-1}) \quad (5-11)$$

式（5-11）的证明见附录。$\Pi(S)$ 中包含 $(n-|S|)!(|S|-1)!$ 种排列，每种排列中银行 i 的位置均为 $|S|$，且前 $|S|-1$ 个元素均相同（排列不同）。因此，$\forall \pi \in \Pi(S)$ 满足：

$$\sum_{k=1}^{\pi^{-1}(i)} U_{\pi(k)}^{T-} a_{\pi(k)}^T = \sum_{j\in S} U_j^{T-} a_j^T, \sum_{k-1}^{\pi^{-1}(i)} U_{\pi(k)}^{T+} a_{\pi(k)}^T = \sum_{j\in S} U_j^{T+} a_j^T,$$

即 $x_{\pi^{-1}(i)} = x_{j\in S}, y_{\pi^{-1}(i)} = y_{j\in S}$，从而 $C_{\pi^{-1}(i)} = C_{j\in S}$，同理得到 $C_{\pi^{-1}(i)-1} = C_{j\in S/(i)}$。则：

$$\sum_{\pi\in\Pi(S)}(C_{\pi^{-1}(i)} - C_{\pi^{-1}-1}) = (n-|S|)!(|S|-1)!(C_{j\in S} - C_{j\in S/\{i\}}) \quad (5-12)$$

将式（5-12）代入式（5-11），命题得证。

式（5-10）可化简为：

$$c_i = \frac{1}{n!}\sum_S (n-|S|)!(|S|-1)!(C_{j\in S} - C_{j\in S/\{i\}}) \quad (5-13)$$

由式（5-13）计算个别附加保费，需计算 $C_{j\in S}$，因此，计算 $E(x_{j\in S})$ 和 $E(x_{j\in S})$，即：$\sum_{j\in S} E(U_j^{T-} a_j^T)$ 和 $\sum_{j\in S} E(U_j^{T+} a_j^T)$ 是关键。

因 $U_j^{T-} a_j^T = \begin{cases} a_j^T & a_j^T < d_j^T \\ 0 & a_j^T \geq d_j^T \end{cases}$，推得：

$$E(U_j^{T-}a_j^T) = \int_0^{d_j^T} a_j^T f(a_j^T) \, da_j^T$$

$$= \int_0^{d_j^T} a_j^0 e^{m_j \sigma_j \sqrt{T} + \left(\mu_j - \frac{\sigma_j^2}{2}\right)T} \frac{1}{\sqrt{2\pi}\sigma_j a_j^T \sqrt{T}} e^{\frac{1}{2}m_j^2} da_j^T$$

$$= \int_{-\infty}^{k_j} a_j^0 e^{m_j \sigma_j \sqrt{T} + \left(\mu_j - \frac{\sigma_j^2}{2}\right)T} \frac{a_j^t \sigma_j \sqrt{T}}{\sqrt{2\pi}\sigma_j a_j^T \sqrt{T}} e^{-\frac{1}{2}m_j^2} dm_j$$

$$= a_j^0 e^{\mu_j T} N(k_j - \sigma_j \sqrt{T}) \qquad (5-14)$$

由 $U_i^{T+} + U_i^{T-} = 1$，易得 $U_j^{T-} \cdot a_j^T + U_j^{T+} \cdot a_j^T = a_j^T$，因此，

$$E(U_j^{T+} + aU_j^T) = E(a_j^T - U_j^{T-}a_j^T)$$

$$= a_j^T - E(U_j^{T-}a_j^T)$$

$$= a_j^0 e^{\mu_j T}[1 - N(k_j - \sigma_j \sqrt{T})] \qquad (5-15)$$

其中，$m_j = \dfrac{(\ln a_j^T - \ln a_j^0) - \left(\mu_j - \dfrac{\sigma_j^2}{2}\right)T}{\sigma_j \sqrt{T}}$，$k_j = \dfrac{(\ln d_j^T - \ln a_j^0) - \left(\mu_j - \dfrac{\sigma_j^2}{2}\right)T}{\sigma_j \sqrt{T}}$。

将式（5-14）、式（5-15）代入式（5-13）得到：

$$c_i = \frac{1}{n!} \sum_S (n - |S|)!(|S|-1)! \Big(\beta_1 \min\{\omega, \lambda\eta\} + \beta_2 \max\{\omega - \lambda\eta, 0\} - \beta_1 \min\{\overline{\omega}, \lambda\overline{\eta}\} - \beta_2 \max\{\overline{\omega} - \lambda\overline{\eta}, 0\}\Big) \qquad (5-16)$$

其中，

$$\omega = \sum_{j \in S} a_j^0 e^{(\mu_j - r)T} \Phi(k_j - \sigma_j \sqrt{T}), \eta = \sum_{j \in S} a_j^0 e^{(\mu_j - r)T}[1 - \Phi(k_j - \sigma_j \sqrt{T})]$$

$$\overline{\omega} = \sum_{j \in S/\{j\}} a_j^0 e^{(\mu_j - r)T} \Phi(k_j - \sigma_j \sqrt{T}), \overline{\eta} = \sum_{j \in S/\{j\}} a_j^0 e^{(\mu_j - r)T}[1 - \Phi(k_j - \sigma_j \sqrt{T})]。$$

至此得到银行 i 应支付的个别保费：$p_i = l_i + c_i$，费率：$\overline{p}_i = p_i/d_i$。

第三节 模拟分析

一 模型的基本模拟结果

假设整个银行系统存在 A、B、C 三个银行，2008 年年底资产总市值分别为 70000 亿元，40000 亿元和 30000 亿元，每个银行存款占总资产比例为 90%，权益比例为 10%，除存款外没有其他负债，所有存款期限为一年。三个银行资产年平均收益率分别为 0.225、0.2 和 0.175，收益率的波动率分别为 0.135、0.125 和 0.115。无风险利率取 2.25%。[①] 银行系统内收购和系统外收购对应的破产成本分别取清算资产账面价值的 0.01 和 0.2，银行系统对违约资产的最大收购能力以不违约银行资产的 1% 为限。2008 年年底三个银行为其全部存款本息向存款保险公司投保，保险合同为一年期。各系数取值如表 5-1 所示。

表 5-1　　　　　　　　　　参数赋值

i	a(亿元)	d(亿元)	μ	σ	r	β_1	β_2	λ
A	70000	63000	0.225	0.135				
B	40000	36000	0.200	0.125	0.0225	0.01	0.2	0.01
C	30000	27000	0.175	0.115				

[①] 孙晓琳、秦学志、陈田：《监管宽容下资本展期的存款保险定价模型》，《运筹与管理》2011 年第 1 期。

三个银行的费率计算结果如表 5-2 所示。

表 5-2　　　　　　　　　费率计算结果

i	k	l_i(亿元)	$E(z^1)$	$E(z^2)$	c_i(亿元)	p_i(亿元)	$\overline{p_i}$(‰)
A	-2.2130	38.3874	809.0008	84903.21	4.6310	43.0184	0.683
B	-2.2004	21.1142	478.9196	47290.20	5.2416	26.3558	0.732
C	-2.1848	15.2746	374.9571	34567.32	6.3862	21.6609	0.802
总计	—	74.7762	—	—	16.2588	91.0351	—

计算出三个银行的纯保费分别为 38.3874 亿元、21.1142 亿元和 15.2746 亿元，附加保费分别为 4.631 亿元、5.2416 亿元和 6.3862 亿元。应向银行 A 收取的总保费为 43.0184 亿元，费率为 0.683‰，应向银行 B 收取的总保费为 26.3558 亿元，费率为 0.732‰，应向银行 C 收取的总保费为 21.6609 亿元，费率为 0.802‰。总附加保费合计 16.26 亿元，占总保费比例为 17.86%，可见银行破产成本是存款保险定价中不可忽略的因素。

二　银行系统收购能力参数取值的影响分析

令 λ 的取值在 0.5% 到 1.5% 之间变化，其他参数不变，得到存款保险附加保费对银行系统收购能力的反应趋势，如图 5-1 所示。因而分析得知：当银行系统对违约资产的收购能力较低时，部分违约资产面临系统外收购的概率比较大，系统总破产成本相对较高，各银行对应的附加保费较高，且附加保费随收购能力的增强而减少；当银行系统对违约资产的收购能力足够大时，违约资产在银行系统内完成收购的概率较高，总破产成本相对较低，附加保费保持在一个较低的水平。

```
c（亿元）
```

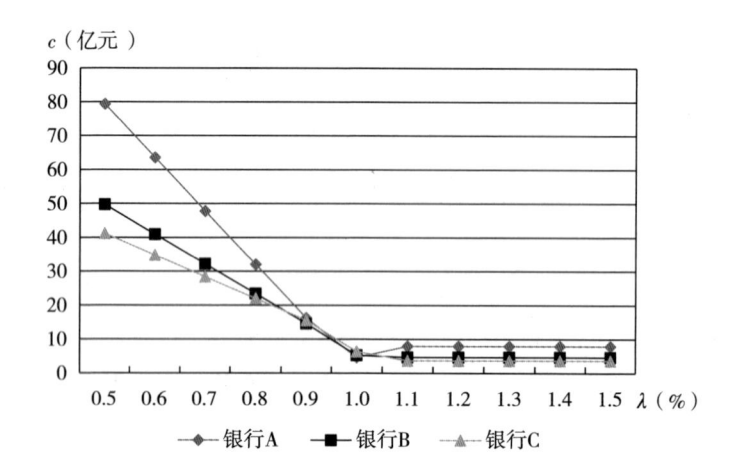

图中数据（银行A、银行B、银行C 随 λ(%) 变化）:
- 0.5: 80, 50, 41
- 0.6: 63, 41, 35
- 0.7: 48, 32, 28
- 0.8: 32, 23, 22
- 0.9: 15, 15, 14
- 1.0: 5, 5, 4
- 1.1: 7, 4, 3
- 1.2: 7, 5, 4
- 1.3: 7, 5, 4
- 1.4: 7, 5, 4
- 1.5: 7, 5, 4

图 5-1　存款保险附加保费对银行系统收购能力的反应趋势

三　经济形势对保费的影响

构造 $\theta = \dfrac{\mu - r}{\sigma}$ 反映经济形势的变化，经济形势较好时期 θ 值较大，而经济形势恶化时，银行资产面临较低的收益率和较高的波动率，θ 值较小。令 θ 值在 1.9 到 0.9 之间变化，A、B、C 三个银行收益率和波动率赋值由表 5-3 给出，λ 取 1%，其他参数保持不变，计算不同经济形势下存款保险附加保费的反应趋势，如图 5-2 所示。随着 θ 值减小，经济形势逐渐恶化，存款保险的附加保费逐渐增加。

表 5-3　　　　不同经济形势下银行收益率与波动率赋值

	A	B	C	A	B	C	A	B	C
θ		1.9			1.7			1.5	
μ	0.25	0.24	0.23	0.235	0.225	0.215	0.22	0.21	0.20
σ	0.1184	0.1132	0.1079	0.1235	0.1176	0.1118	0.13	0.1233	0.1167
θ		1.3			1.1			0.9	
μ	0.205	0.195	0.185	0.19	0.18	0.17	0.175	0.165	0.155
σ	0.1385	0.1308	0.1231	0.15	0.1409	0.1318	0.1667	0.1556	0.1444

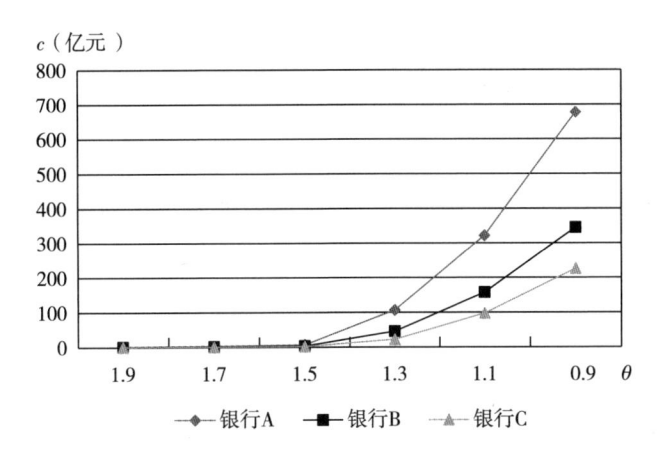

图 5-2　存款保险附加保费对经济形势的反应趋势

令 θ 值在 1.9 到 0.9 之间变化，λ 值在 0.5% 到 2.5% 之间变化，其他参数不变，得到存款保险附加保费对银行系统收购能力和经济形势变化的二维反应趋势，如图 5-3 所示。存款保险的附加保费与银行系统收购能力的负相关关系随经济形势的恶化而加剧。

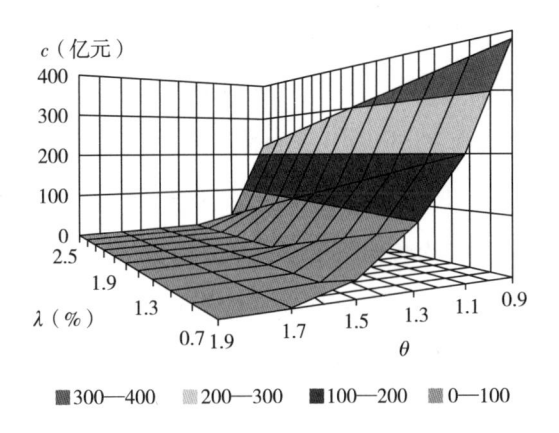

图 5-3　存款保险附加保费对银行系统收购能力和经济形势的反应趋势

四 参保银行数目的影响

上述计算建立在银行系统中 A、B、C 三个银行均为其存款投保基础上。在自愿参保的情况下，存款保险的附加保费受到银行系统参保程度的影响。沿用表 5-1 中各参数取值，分别计算参保银行数目为 1、2 和 3 时，各银行的附加保费。计算结果见表 5-4。

表 5-4　　　　不同参保程度下各银行附加保费计算结果

参保银行数目	A（亿元）	B（亿元）	C（亿元）
1	8.0900	5.9325	9.3135
2	7.1450	5.6467	7.9225
3	4.6310	5.2416	6.3862

只有一个银行参保时，银行 A、B、C 对应的附加保费分别为 8.09 亿元、5.9325 亿元和 9.3135 亿元。有两个银行参保时，A 银行对应的附加保费为 7.145 亿元，是参保银行为 A、B 和 A、C 时银行 A 的附加保费的均值；B 银行对应的附加保费为 5.6467 亿元，是参保银行为 A、B 和 B、C 时 B 银行附加保费的均值；C 银行的附加保费为 7.9225 亿元，是参保银行为 A、C 和 B、C 时 C 银行附加保费的均值。三个银行均参保情况下各银行的附加保费与算例计算结果相同。三个银行存款保险附加保费随参保银行数目变化的趋势如图 5-4 所示。从图 5-4 中可以看出，随参保银行数目增加，各银行附加保费呈现明显的下降趋势，且下降程度递增，其中银行 A 变化最为明显。

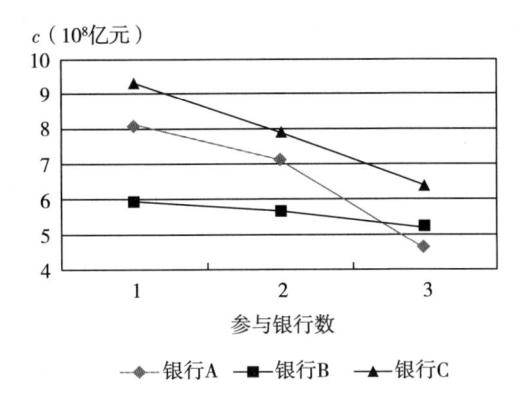

图 5-4　存款保险附加保费对银行参保程度的反应趋势

本章小结

银行一旦出现经营危机，随后破产清算过程产生的破产成本是存款保险保费计算中不可忽略的因素，银行倒闭的外部效应要求存款保险的附加保费应补偿该银行倒闭对银行系统总破产成本产生的影响。本章建立了考虑银行违约外部效应对系统总破产成本影响的存款保险定价模型，所得到的存款保险保费，除受银行资产收益率、波动率的影响之外，还与银行系统对违约资产的收购能力呈负相关关系，若经济形势恶化，负相关程度更加显著，且与整个银行系统参加存款保险的银行数目呈明显的负相关关系。

本章将时间区间 $[0, T]$ 内银行总存款本金视为没有漂移率和波动率的确定值，即仅以 0 时刻银行总存款及其在 T 时刻的利息作为被保险标的，实际上银行的总存款应为随时间变化的动态过程，且总资产也随存款额的变化而改变，在考虑银行存款随机过程及总资产相应变化的情况下，存款保险的定价模型将会更加完善，但相应模型却十分复杂，因此将其作为进一步研究的方向。

第六章 系统风险不同预期下的存款保险费率测算

第一节 问题的提出

经国务院第67次常务会议通过，自2015年5月1日起，在我国境内设立的商业银行、农村合作银行等吸收存款的银行业金融机构（以下简称银行），应当依照《存款保险条例》投保存款保险。自此，酝酿多年的存款保险制度在我国开始施行。费率的厘定机制是存款保险制度的核心，当前我国存款保险费率由基准费率和风险差别费率构成。基准费率标准依据经济金融发展状况、存款保险基金的累积水平等因素制定，而差别费率水平主要反映各银行存款面临的不同风险状况。

从费率构成来看，我国存款保险费率机制在兼顾经济发展形势和基金充足性问题的基础上，采用了差别费率制。目前越来越多的国家和地区实施风险差别费率的存款保险制度，但多数差别费率定价方法仅关注单个银行的破产风险，忽略了银行业作为一个整体面临的系统性风险问题，因此相应的费率厘定方法可能存在费率低估现象。① Pennacchi 等（2010）②的研究表明，与其他保险不同，仅根据单个银行风险水平确定的存款保险费率不足以补偿银行面临的系统性风险，因此公平的存款保险费率在考虑单个银行违约成本的基础上应有所加成。Acharya 等（2010b）③指出合理的存款保险费率应涵盖多种成本，包括银行破产成本④以及应对极端事件的风险准备金成本。部分学者在关注费率低估现象的基础上，给出了改进的费率厘定方法。Hwang 等（2009）⑤从银行破产外部效应的角度进行费率加成，利用期权定价模型计算了存款保险费率的封闭解。Staum（2012）⑥考虑了银行资产流动性对其他银行破产损失的影响，进而给出了考虑资产流动性影响的存款保险定价模型。但现有费率加成模型的关注点，与我国存款保险制度运行初期的风险因素并不十分契合。

目前，存款保险制度在我国刚刚推行，系统的稳定性及应对极端事件的抗压能力不强，应给予高度关注。当经济形势恶化，整个银行业系统性风险骤升，存款保险基金的充足性将受到极大挑战⑦，

---

① Huang, X., Zhao, H. and Zhu, H., "Systemic risk contributions", *Journal of Financial Services Research*, 2012, 42.

② Pennacchi, G. and Brown, J., *Public Insurance and Private Markets*, American Enterprise Institute Press, Washington DC, 2010.

③ Acharya, V. V., Santos, J. A. C. and Yorulmazer, T., "Systemic risk and deposit insurance premiums", *FRBNY Economic Policy Review*, 2010b (8): 89 – 99.

④ 吕筱宁、秦学志：《考虑银行破产外部效应的存款保险定价模型》，《运筹与管理》2014 年第 2 期。

⑤ Hwang, D. Y., Shie, F. S., Wang, K. and Lin, J. C., "The pricing of deposit insurance considering bankruptcy costs and closure policies", *Journal of Banking & Finance*, 2009, 33 (10): 1909 – 1919.

⑥ Staum, J. C., "Systemic risk components and deposit insurance premia", *Quantitative Finance*, 2012, 12 (4): 651 – 662.

⑦ Lee, S. C. Lin, C. T. and Tsai, M. S. "The pricing of deposit insurance in the presence of systematic risk", *Journal of Banking & Finance*, 2015, 51: 1 – 11.

如美国在 2008 年金融危机期间，联邦存款保险公司将银行 5 年间的破产成本预估上调了一倍。因此，在系统风险因素不同预期情况下测算各银行期望损失的变化，进而对制定不同经济形势下的风险费率，具有积极意义。本章在风险中性测度下，将影响银行资产价值的风险因素分解为系统风险因素和银行特定风险因素，进而在不同系统风险因素点估计和区间估计条件下，推算各银行考虑系统风险因素的存款保险费率。

本章的其余章节安排如下：第二节给出考虑系统风险因素的存款保险费率模型的假设条件和模型推导构建过程；第三节给出模型相关参数的估计方法和估计结果；第四节进行模拟分析和部分相关参数的敏感性分析；第五节进行本章小结。

第二节 考虑系统风险因素的存款保险费率模型

一 基本假设

（1）资产价值：假设银行系统共有 m 家银行，在风险中性测度 Q 下，t 时刻银行 i 的资产价值 $V_i(t)$ 服从几何布朗运动，即有：

$$\mathrm{d}V_i(t) = rV_i(t)\mathrm{d}t + \sigma_{i,V}V_i(t)\mathrm{d}w_{i,V}(t) \quad i=1,2,\cdots,m \quad (6-1)$$

其中，r 为无风险利率，$\sigma_{i,V}$ 为银行 i 资产价值的即时波动率，$w_{i,V}(t)$ 遵循维纳过程，$\mathrm{d}w_{i,V}(t)$ 表征了银行 i 资产的风险来源，相应风险大小由 $\sigma_{i,V}$ 度量。将银行 i 资产风险做如下分解：

$$\mathrm{d}w_{i,V}(t) = \rho_i \mathrm{d}w_Y(t) + \sqrt{1-\rho_i^2}\,\mathrm{d}w_{i,\varepsilon}(t) \qquad (6-2)$$

其中，$dw_Y(t)$ 表示影响银行 i 资产价值的系统性风险来源或宏观风险因素；$dw_{i,\varepsilon}(t)$ 为银行 i 的特质风险来源，表示非系统性风险因素或银行特定风险因素；ρ_i（$-1 \leq \rho_i \leq 1$）表示银行 i 资产风险对系统性风险的敏感性；$w_Y(t)$ 和 $w_{i,\varepsilon}(t)$ 均服从维纳过程，且 $w_Y(t)$ 与 $w_{i,\varepsilon}(t)$ 相互独立。

（2）投保存款价值：假设银行负债全部来源于存款，t 时刻银行 i 的负债价值为 $D_i(t)$，银行 i 为其部分存款购买存款保险，投保存款价值为 $B_i(t)$，且有 $D_i(t) = \beta_i B_i(t)$（$\beta_i \geq 1$），即总负债价值是已投保存款价值的 β_i 倍。$B_i(t)$ 为无风险资本，在风险中性测度 Q 下满足：

$$dB_i(t) = rB_i(t)dt \tag{6-3}$$

（3）存款保险：假设银行 i 在存款保险期末 T 时刻接受审查，若 T 时刻 $V_i(T) \geq D_i(T)$，则银行 i 经营状况良好，若 $V_i(T) < D_i(T)$，则银行 i 出现存款支付困难，进入破产清算过程。由于清算过程中未保险存款和其他负债的偿还顺序优于被保险存款[①]，当银行 i 破产资产损失程度很高出现 $V_i(T) < D_i(T) - B_i(T)$ 时，清算后银行 i 的资产将全部用于偿还未保险存款，被保险存款 $B_i(T)$ 将全部由存款保险机构偿还；当银行 i 破产时资产损失程度相对较低，即有 $D_i(T) - B_i(T) \leq V_i(T) < D_i(T)$ 时，银行 i 的资产能偿还部分被保险存款，存款保险机构承担银行不足以偿还的被保险存款，即存款保险机构的支付额为 $B_i(T) - [V_i(T) - (D_i(T) - B_i(T))] = D_i(T) - V_i(T)$。因此，$T$ 时刻存款保险机构对银行 i 的赔付责任为：

---

① 吕筱宁、秦学志、尚勤：《考虑跨期系统风险的存款保险逆周期定价方法》，《系统管理学报》2016年第1期。

$$L_i(T) = \begin{cases} B_i(T) & V_i(T) < D_i(T) - B_i(T) \\ D_i(T) - V_i(T) & D_i(T) - B_i(T) \leq V_i(T) < D_i(T) \\ 0 & V_i(T) \geq D_i(T) \end{cases}$$

(6-4)

二 系统风险点估计条件下存款保险费率的推导

式（6-4）给出了银行 i 存款保险的赔付责任，进一步整理得到：

$$\begin{aligned} L_i(T) &= [D_i(T) - V_i(T)] \cdot \{I[V_i(T) < D_i(T)] - \\ & \quad I[V_i(T) < D_i(T) - B_i(T)]\} + B_i(T) \cdot \\ & \quad I[V_i(T) < D_i(T) - B_i(T)] \\ &= [D_i(T) - V_i(T)] \cdot I[V_i(T) < D_i(T)] - \\ & \quad [D_i(T) - V_i(T) - B_i(T)] \cdot I[V_i(T) < D_i(T) - B_i(T)] \\ &= \max[D_i(T) - V_i(T), 0] - \max[D_i(T) - V_i(T) - \\ & \quad B_i(T), 0] \end{aligned}$$

其中，$I[\cdot]$ 为示性函数，当方括号内条件成立时，$I[\cdot]=1$，否则 $I[\cdot]=0$。由风险中性定价原理可知，基于上述赔付责任，期初 0 时刻银行 i 的存款保险总保费为：

$$\begin{aligned} TP_i &= e^{-rT} \cdot E^Q[L_i(T)] \\ &= e^{-rT} \cdot E^Q\{\max[D_i(T) - V_i(T), 0]\} - e^{-rT} \cdot \\ & \quad E^Q\{\max[D_i(T) - V_i(T) - B_i(T), 0]\} \\ &= e^{-rT} \cdot E^Q\{\max[\beta_i B_i(T) - V_i(T), 0]\} - e^{-rT} \cdot \\ & \quad E^Q\{\max[(\beta_i - 1)B_i(T) - V_i(T), 0]\} \\ &= B_i(0) \cdot E^Q\left\{\max\left[\beta_i - \frac{V_i(T)}{B_i(T)}, 0\right]\right\} - B_i(0) \cdot \end{aligned}$$

$$E^Q\left\{\max\left[(\beta_i-1)-\frac{V_i(T)}{B_i(T)},\ 0\right]\right\} \qquad (6-5)$$

其中，$E^Q[\ \cdot\ ]$ 表示风险中性测度下的期望算子。

由伊藤定理，式（6-1）和式（6-3）可分别改写为如下形式：

$$\mathrm{d}\ln V_i(t) = \left(r - \frac{1}{2}\sigma_{i,V}^2\right)\mathrm{d}t + \sigma_{i,V}\mathrm{d}w_{i,V}(t) \qquad (6-6)$$

$$\mathrm{d}\ln B_i(t) = r\mathrm{d}t \qquad (6-7)$$

式（6-6）与式（6-7）相减得到：

$$\mathrm{d}\ln\frac{V_i(t)}{B_i(t)} = -\frac{1}{2}\sigma_{i,V}^2\mathrm{d}t + \sigma_{i,V}\mathrm{d}w_{i,V}(t) \qquad (6-8)$$

在区间 [0, T] 内对式（6-8）两边积分得到：

$$\int_0^T \mathrm{d}\ln\frac{V_i(t)}{B_i(t)} = -\frac{1}{2}\int_0^T \sigma_{i,V}^2\mathrm{d}t + \int_0^T \sigma_{i,V}\mathrm{d}w_{i,V}(t)$$

整理得到：

$$\ln\frac{V_i(T)}{B_i(T)} = \ln\frac{V_i(0)}{B_i(0)} + \int_0^T \sigma_{i,V}\mathrm{d}w_{i,V}(t) - \frac{1}{2}\sigma_{i,V}^2 T \qquad (6-9)$$

将式（6-2）代入式（6-9），得到：

$$\ln\frac{V_i(T)}{B_i(T)} = \ln\frac{V_i(0)}{B_i(0)} + \sigma_{i,V}\sqrt{T}(\rho_i \cdot Z_Y + \sqrt{1-\rho_i^2}\cdot Z_{i,\varepsilon}) - \frac{1}{2}\sigma_{i,V}^2 T$$

$$(6-10)$$

其中，$Z_Y = \dfrac{\int_0^T \mathrm{d}w_Y(t)}{\sqrt{T}}$，$Z_{i,\varepsilon} = \dfrac{\int_0^T \mathrm{d}w_{i,\varepsilon}(t)}{\sqrt{T}}$。由于 $w_Y(t)$ 和 $w_{i,\varepsilon}(t)$ 均服从维纳过程，即 $\mathrm{d}w_Y(t)$ 和 $\mathrm{d}w_{i,\varepsilon}(t)$ 均服从均值为 0、标准差为 $\sqrt{\mathrm{d}t}$ 的正态分布，因此随机变量 Z_Y 和 $Z_{i,\varepsilon}$ 均服从标准正态分布。

由式（6-10）可知，T 时刻变量 $\ln\dfrac{V_i(T)}{B_i(T)}$ 实际上是随机变量 Z_Y 和

$Z_{i,\varepsilon}$ 的函数。

进一步,当 $Z_Y = z_y$ 时,即系统风险因素在某一特定取值情况下,式(6-10)可表示为:

$$\ln\frac{V_i(T)}{B_i(T)}\bigg|_{Z_Y=z_y} = \ln\frac{V_i(0)}{B_i(0)} + \sigma_{i,V}\sqrt{T}(\sqrt{1-\rho_i^2}\cdot Z_{i,\varepsilon} + \rho_i\cdot z_y) - \frac{1}{2}\sigma_{i,V}^2 T$$

$$= \ln\frac{V_i(0)}{B_i(0)} + \rho_i\sigma_{i,V}\sqrt{T}\cdot z_y - \frac{1}{2}\sigma_{i,V}^2 T + \sqrt{1-\rho_i^2}\sigma_{i,V}\sqrt{T}\cdot Z_{i,\varepsilon}$$

$$(6-11)$$

为便于表述,令 $X_i(z_y) = \ln\frac{V_i(T)}{B_i(T)}\bigg|_{Z_Y=z_y}$,$\eta_i(z_y) = \ln\frac{V_i(0)}{B_i(0)} + \rho_i\sigma_{i,V}\sqrt{T}\cdot z_y - \frac{1}{2}\sigma_{i,V}^2 T$,$\theta_i = \sqrt{1-\rho_i^2}\sigma_{i,V}\sqrt{T}$,式(6-11)可表示为 $X_i(z_y) = \theta_i\cdot Z_{i,\varepsilon} + \eta_i(z_y)$。由 $Z_{i,\varepsilon}$ 服从标准正态分布,得到 $X_i(z_y)$ 服从均值为 $\eta_i(z_y)$、标准差为 θ_i 的正态分布。因此,给定系统风险因素 $Z_Y = z_y$ 时,式(6-5)中随机变量的条件期望值可计算为:

$$E^Q\left\{\max\left[\beta_i - \frac{V_i(T)}{B_i(T)},\ 0\right]\bigg|_{Z_Y=z_y}\right\} = E^Q\{\max[\beta_i - e^{X_i(z_y)},\ 0]\}$$

$$= \beta_i N(d_1) - e^{\eta_i(z_y) + \frac{\theta_i^2}{2}} N(d_2)$$

$$(6-12)$$

$$E^Q\left\{\max\left[(\beta_i - 1) - \frac{V_i(T)}{B_i(T)},\ 0\right]\bigg|_{Z_Y=z_y}\right\} = E^Q\{\max[(\beta_i - 1) - e^{X_i(z_y)},\ 0]\}$$

$$= (\beta_i - 1)N(d_3) - e^{\eta_i(z_y) + \frac{\theta_i^2}{2}} N(d_4)$$

$$(6-13)$$

其中,$d_1 = \dfrac{\ln\beta_i - \eta_i(z_y)}{\theta_i}$,$d_2 = d_1 - \theta_i$,$d_3 = \dfrac{\ln(\beta_i - 1) - \eta_i(z_y)}{\theta_i}$,$d_4 = d_3 - \theta_i$,$N(\cdot)$ 为标准正态分布的分布函数。式(6-12)和式

(6-13) 的推导见附录。将式 (6-12) 和式 (6-13) 代入式 (6-5)，得到系统风险因素特定取值情况下，银行 i 存款保险总保费 $TP_i(z_y)$ 的表达式：

$$TP_i(z_y) = B_i(0) \cdot [\beta_i N(d_1) - e^{\eta_i(z_\alpha) + \frac{\theta_i^2}{2}} N(d_2)] - B_i(0) \cdot$$

$$[(\beta_i - 1)N(d_3) - e^{\eta_i(z_\alpha) + \frac{\theta_i^2}{2}} N(d_4)]$$

$$= B_i(0)\beta_i N(d_1) - V_i(0) e^{\eta_i(z_\alpha) + \frac{\theta_i^2}{2} - \ln\frac{V_i(0)}{B_i(0)}} N(d_2) - B_i(0)$$

$$(\beta_i - 1)N(d_3) + V_i(0) e^{\eta_i(z_\alpha) + \frac{\theta_i^2}{2} - \ln\frac{V_i(0)}{B_i(0)}} N(d_4)$$

$$= B_i(0) \cdot [\beta_i N(d_1) - (\beta_i - 1)N(d_3)] -$$

$$e^{\eta_i(z_\alpha) + \frac{\theta_i^2}{2} - \ln\frac{V_i(0)}{B_i(0)}} V_i(0)[N(d_2) - N(d_4)] \quad (6-14)$$

式 (6-14) 反映银行存款保险总保费与系统风险因素之间的相关关系，当银行系统风险敏感系数 $\rho_i = 0$ 时，式 (6-14) 退化为 $TP_i = B_i(0) \cdot [\beta_i N(d_1) - (\beta_i - 1)N(d_3)] - V_i(0)[N(d_2) - N(d_4)]$，即为传统 Merton 存款保险期权定价公式。因此，实际上 Merton 存款保险定价方法是本书定价模型的特例。式 (6-14) 两边同除以投保存款总价值 $B_i(0)$，得到系统风险因素 $Z_Y = z_y$ 时，银行 i 单位存款的存款保险费率：

$$PP_i(z_y) = \frac{TP_i(z_y)}{B_i(0)} = \beta_i N(d_1) - (\beta_i - 1)N(d_3) - e^{\eta_i(z_\alpha) + \frac{\theta_i^2}{2}}$$

$$[N(d_2) - N(d_4)] \quad (6-15)$$

三 系统风险区间估计条件下存款保险费率的推导

应用式 (6-15) 确定各银行的实际存款保险费率，需要较准确地预测某年度的系统风险因素。然而，对系统风险因素的预测，很难精确到具体取值。更合理可行的定价方式是估计某年度系统风险因素可能的取值区间,进而在该特定区间内,计算各银行存款保险费率的条件期望值,以此作为特定系统风险区间估值条件下,银行存款保险的费率。给定系统风险因素的取值区间 $z_{y_1} \leq Z_Y \leq z_{y_2}$,其中 z_{y_1} 和 z_{y_2} 为标准正态分布的分位数,且有 $N^{-1}(z_{y_l}) = y_l$ ($l = 1, 2$)。在此区间内银行存款保险费率的条件期望值表示为:

$$E^Q[PP_i(Z_Y) | z_{y_1} \leq Z_Y \leq z_{y_2}] = \int_{z_{y_1} \leq Z_Y \leq z_{y_2}} PP_i(Z_Y) \cdot d(\Pr[Z_Y = z_y | z_{y_1} \leq Z_Y \leq z_{y_2}])$$

(6-16)

为简化计算过程,将式(6-16)做以下近似。首先,由 Z_Y 服从标准正态分布可知 $\Pr[z_{y_1} \leq Z_Y \leq z_{y_2}] = N^{-1}(z_{y_2}) - N^{-1}(z_{y_1}) = y_2 - y_1$。其次,将 $z_{y_1} \leq Z_Y \leq z_{y_2}$ 的区间按等概率分为 h 个小区间,第 k 个区间表示为 $[z_{\alpha_{k-1}}, z_{\alpha_k}]$($k = 1, 2, \cdots, h$),其中 $\alpha_0 = y_1$,$\alpha_h = y_2$,且满足 $\Pr[z_{\alpha_{k-1}} \leq Z_Y \leq z_{\alpha_k}] = \dfrac{y_2 - y_1}{h}$。令 $\overline{PP}_{i,k}$ 表示第 k 个区间银行 i 存款保险的平均费率,近似有:

$$\overline{PP}_{i,k} = \frac{1}{2}[PP_i(z_{\alpha_{k-1}}) + PP_i(z_{\alpha_k})] \qquad (6-17)$$

最后,将系统风险因素离散化,当 h 取值足够大时有:

$$\int_{z_{y_1} \leq Z_Y \leq z_{y_2}} PP_i(Z_Y) \cdot d(\Pr[Z_Y = z_y | z_{y_1} \leq Z_Y \leq z_{y_2}])$$

$$\approx \frac{\sum_{k=1}^{h} \overline{PP}_{i,k} \cdot \Pr[z_{\alpha_{k-1}} \leq Z_Y \leq z_{\alpha_k}]}{\Pr[z_{y_1} \leq Z_Y \leq z_{y_2}]}$$

$$= \frac{\sum_{k=1}^{h} \frac{1}{2}[PP_i(z_{\alpha_{k-1}}) + PP_i(z_{\alpha_k})] \cdot (y_2 - y_1)/h}{(y_2 - y_1)}$$

$$= \frac{1}{2h} \sum_{k=1}^{h} [PP_i(z_{\alpha_{k-1}}) + PP_i(z_{\alpha_k})] \qquad (6-18)$$

将式（6-18）代入式（6-16），得到系统风险区间估计条件下，银行 i 存款保险费率：

$$pp_i(Z_Y \in [z_{y_1}, z_{y_2}]) = E[PP_i(Z_Y) | z_{y_1} \leq Z_Y \leq z_{y_2}]$$

$$= \frac{1}{2h} \sum_{k=1}^{h} [PP_i(z_{\alpha_{k-1}}) + PP_i(z_{\alpha_k})] \quad (6-19)$$

第三节　参数的确定

由第二节推算方法可知，估算银行存款保险费率需确定三方面参数：各银行资产波动率 $\sigma_{i,V}$、各银行对系统风险因素的敏感系数 ρ_i 以及各银行比例系数 β_i。其中，比例系数 β_i 取各银行负债价值与总存款价值的比例，其余参数包括：银行资产波动率 $\sigma_{i,V}$ 和系统风险敏感系数 ρ_i。本节对以上两个参数进行估计，选取了十六家上市银行作为研究样本（见表 6-1），研究期间为 2008—2016 年度（由于农业、光大两家银行上市时间分别为 2010 年 7 月和 2010 年 8 月，因此这两家银行的研究期间为 2011—2016 年），计算数据取自国泰安 CSMAR 数据库。

一　银行资产波动率的估算方法

由于各银行资产波动率的确定方法相同，故本节省略区分不同银行的字母 i。假设银行在一年内具有同样的资产波动率，将一年期限分为 N 段，V_I ($I = 1, 2, \cdots, N$) 代表第 I 个时段末银行的资产价值，H 代表单个时段时长，一般以年为单位。由于每个时段末银行的资产价值 V_I 不可观测，需根据可观测的上市银行股权价值进行估计。① 设每时段末银行股权价值为 S_I，一年内银行股权价值的波动率为 σ_S，S_I 可看作一份标的资产为 V_I、执行价格为 D_N 的欧式看涨期权的价值②，D_N 为第 N 个时段末（年末）银行的负债价值，S_I 与 V_I 满足：

$$S_I = V_I N(d_{1,I}) - D_N e^{-r[(N-I)H]} N(d_{2,I}) \quad (6-20)$$

其中，$d_{1,I} = \dfrac{\ln(V_I/D_N) + (r + \sigma_V^2/2)(N-I)H}{\sigma_V \sqrt{(N-I)H}}$，$d_{2,I} = d_{1,I} - \sigma_V \sqrt{(N-I)H}$。对式（6-20）应用伊藤定理，得到：

$$\sigma_S = \frac{V_I}{S_I} N(d_{1,I}) \sigma_V \quad (6-21)$$

式（6-21）给出了银行资产波动率 σ_V 与银行股权波动率 σ_S 之间的关系。在 σ_S 可估计的情况下，联合式（6-20）和式（6-21）即可估计出每个时段末银行的资产价值 V_I 及资产波动率 σ_V。③ σ_S 的估算方法见附录。

以上估计方法仍需三方面数据：银行每个交易日的股权价值、每年年末的负债价值和每年的无风险利率。其中，银行每个交易日的股权价值等于银行总股本与其股票当日收盘价的乘积；负债价值取各银行每年年末总负债的账面价值；无风险利率取各银行一年期

---

① 刘海龙、杨继光：《基于银行监管资本的存款保险定价研究》，《管理科学学报》2011 年第 3 期。

② 孙晓琳、秦学志、陈田：《监管宽容下资本展期的存款保险定价模型》，《运筹与管理》2011 年第 1 期。

③ Lee, S. C., Lin, C. T. and Tsai, M. S., "The pricing of deposit insurance in the presence of systematic risk", *Journal of Banking & Finance*, 2015, 51: 1-11.

存款利率的均值。具体测算结果见表 6-1。

表 6-1　　　　　　2008—2016 年度各银行资产波动率

银行	2008 年	2009 年	2010 年	2011 年	2012 年
平安银行	0.074469	0.045996	0.031796	0.015272	0.011185
宁波银行	0.097434	0.066325	0.051385	0.031946	0.020929
浦发银行	0.073675	0.069748	0.049415	0.033360	0.010946
华夏银行	0.048012	0.026421	0.019844	0.026864	0.011307
民生银行	0.070401	0.040092	0.029917	0.016226	0.012903
招商银行	0.092583	0.070638	0.036449	0.021996	0.015548
南京银行	0.097434	0.072930	0.075397	0.025244	0.018170
兴业银行	0.077467	0.049722	0.037219	0.066393	0.013008
北京银行	0.089099	0.064364	0.038423	0.016197	0.022737
交通银行	0.073561	0.041955	0.026910	0.015087	0.014929
工商银行	0.071864	0.034404	0.028310	0.015826	0.011542
建设银行	0.078730	0.039382	0.025906	0.015311	0.012446
中国银行	0.060328	0.032768	0.021246	0.010527	0.008271
中信银行	0.088169	0.045269	0.037937	0.020017	0.013204
农业银行	—	—	—	0.011797	0.008596
光大银行	—	—	—	0.016059	0.008896
银行	2013 年	2014 年	2015 年	2016 年	均值
平安银行	0.047593	0.021449	0.035761	0.015226	0.033194
宁波银行	0.020447	0.018794	0.051494	0.020319	0.042119
浦发银行	0.019810	0.013490	0.026332	0.015409	0.034687
华夏银行	0.023671	0.013869	0.033366	0.010880	0.023804
民生银行	0.032565	0.025209	0.031856	0.010687	0.029984
招商银行	0.025541	0.015439	0.033685	0.014165	0.036227
南京银行	0.017127	0.015218	0.037307	0.077000	0.048425
兴业银行	0.045852	0.014250	0.027519	0.008927	0.037817
北京银行	0.017911	0.020547	0.038792	0.025049	0.037013
交通银行	0.013924	0.016270	0.035325	0.009770	0.027526

续表

银行	2013 年	2014 年	2015 年	2016 年	均值
工商银行	0.012422	0.015434	0.029951	0.009893	0.025516
建设银行	0.016511	0.018930	0.036922	0.010654	0.028310
中国银行	0.010274	0.015172	0.035239	0.010058	0.022654
中信银行	0.018456	0.023639	0.036282	0.012848	0.032869
农业银行	0.012675	0.014258	0.024774	0.007852	0.013325
光大银行	0.016241	0.015607	0.036202	0.009132	0.017023

二 系统风险敏感系数的确定

本节应用 Lee 和 Lin 等（2015）[①]的方法，根据银行间资产相关系数估计各银行对系统性风险因素的敏感系数。将式（6-2）代入式（6-1），且将式（6-1）中无风险利率替换成实际的银行资产收益率，即得到真实测度下各银行的资产价值过程：

$$dV_i(t) = \mu_{i,V} V_i(t) dt + \sigma_{i,V} V_i(t) (\rho_i dw_Y(t) + \sqrt{1-\rho_i^2} dw_{i,\varepsilon}(t))$$

$$(6-22)$$

其中，$\mu_{i,V}$ 为真实测度下银行 i 的资产收益率。$\mu_{i,V}$ 的估算方法见附录。

首先，构造统计量：

$$K_{i,I} = \frac{\ln V_{i,I} - \ln V_{i,I-1} - [\mu_{i,V} - \sigma_{i,V}^2/2]H}{\sigma_{i,V}\sqrt{H}} \quad (6-23)$$

由式（6-22）可知，$K_{i,I}$ 服从标准正态分布，且有：

$$K_{i,I} = \frac{\rho_i dw_{Y,I} + \sqrt{1-\rho_i^2} dw_{i,\varepsilon,I}}{\sqrt{H}} = \rho_i x_{Y,I} + \sqrt{1-\rho_i^2} x_{i,\varepsilon,I} \quad (6-24)$$

[①] Lee, S. C., Lin, C. T. and Tsai M. S., "The pricing of deposit insurance in the presence of systematic risk", *Journal of Banking & Finance*, 2015, 51: 1-11.

其中，$x_{Y,I} = \dfrac{\mathrm{d}w_{Y,I}}{\sqrt{H}}$ 和 $x_{i,\varepsilon,I} = \dfrac{\mathrm{d}w_{i,\varepsilon,I}}{\sqrt{H}}$ 独立且均服从标准正态分布。

由式（6-24）可知 $K_{i,I}$ 和 $K_{j,I}$ 间的相关系数满足：

$$\begin{aligned}\kappa_{i,j} &= \frac{\mathrm{Cov}[K_{i,I}, K_{j,I}]}{\sqrt{D[K_{i,I}]}\sqrt{D[K_{j,I}]}} \\ &= \mathrm{Cov}\{[\rho_i x_{Y,I} + \sqrt{1-\rho_i^2}\, x_{i,\varepsilon,I}], [\rho_j x_{Y,I} + \sqrt{1-\rho_j^2}\, x_{j,\varepsilon,I}]\} \\ &= \rho_i \rho_j D[x_{Y,I}] = \rho_i \rho_j \end{aligned} \quad (6-25)$$

其次，由第一节分析可知，根据每日可观测的银行股权价值，联合式（6-20）和式（6-21）即可求得每个时段末银行 i 的资产价值 $V_{i,I}$ 及资产波动率 $\sigma_{i,V}$ 的估计值 $\hat{V}_{i,I}$ 和 $\hat{\sigma}_{i,V}$。将估计值 $\hat{V}_{i,I}$、$\hat{\sigma}_{i,V}$ 和 $\hat{\mu}_{i,V}$（见附录）代入式（6-24）得到估计值 $\hat{K}_{i,I}$（$i = 1, 2, \cdots, m$；$I = 1, 2, \cdots, N$）。进而可求得两银行间统计量 $\hat{K}_{i,I}$ 和 $\hat{K}_{j,I}$ 的相关系数估计值：

$$\hat{\kappa}_{i,j} = \frac{\dfrac{1}{N}\sum_{I=1}^{N}[\hat{K}_{i,I} \cdot \hat{K}_{j,I}] - \dfrac{1}{N}\sum_{I=1}^{N}\hat{K}_{i,I} \cdot \dfrac{1}{N}\sum_{I=1}^{N}\hat{K}_{j,I}}{\sqrt{\dfrac{1}{N}\sum_{I=1}^{N}\hat{K}_{i,I}^{2} - \left[\dfrac{1}{N}\sum_{I=1}^{N}\hat{K}_{i,I}\right]^{2}} \cdot \sqrt{\dfrac{1}{N}\sum_{I=1}^{N}\hat{K}_{j,I}^{2} - \left[\dfrac{1}{N}\sum_{I=1}^{N}\hat{K}_{j,I}\right]^{2}}} \quad (6-26)$$

最后，利用最小二乘法估计各银行敏感系数 $\hat{\rho}_i$（$i = 1, 2, \cdots, m$），即通过调整敏感系数的估计值 $\hat{\rho}_i$，使式（6-25）的计算结果尽量满足式（6-26）计算得到的相关系数估计值 $\hat{\eta}_{i,j}$，即有：

$$\min_{\hat{\rho}_i, \hat{\rho}_j} \sum_{i \neq j} (\hat{\kappa}_{i,j} - \hat{\rho}_i \hat{\rho}_j)^2$$

s.t. $\quad -1 \leq \rho_i \leq 1$ $\quad (6-27)$

解式（6-27）的最小规划，得到各银行对系统性风险因素的敏感系数 $\hat{\rho}_i$。具体计算结果见表6-2。

表6-2　　　　　　　　各银行系统风险敏感系数

银行	2008年	2009年	2010年	2011年	2012年
平安银行	0.529	0.838	0.935	0.595	0.901
宁波银行	0.431	0.876	0.922	0.876	0.854
浦发银行	0.613	0.399	0.710	0.518	0.943
华夏银行	0.295	0.863	0.834	0.674	0.888
民生银行	0.881	0.819	0.948	0.837	0.850
招商银行	0.923	0.688	0.944	0.892	0.895
南京银行	0.903	0.899	0.770	0.865	0.882
兴业银行	0.866	0.882	0.926	0.420	0.786
北京银行	0.898	0.889	0.956	0.917	0.553
交通银行	0.918	0.859	0.957	0.802	0.670
工商银行	0.890	0.869	0.835	0.706	0.734
建设银行	0.926	0.891	0.904	0.686	0.678
中国银行	0.902	0.790	0.778	0.773	0.587
中信银行	0.910	0.814	0.931	0.214	0.874
农业银行	—	—	—	0.384	0.694
光大银行	—	—	—	0.466	0.823
银行	2013年	2014年	2015年	2016年	均值
平安银行	0.466	0.764	0.799	0.470	0.700
宁波银行	0.882	0.902	0.688	0.782	0.801
浦发银行	0.887	0.931	0.884	0.496	0.709
华夏银行	0.603	0.911	0.761	0.931	0.751
民生银行	0.861	0.700	0.880	0.722	0.833
招商银行	0.776	0.880	0.898	0.767	0.851
南京银行	0.911	0.831	0.757	0.254	0.786
兴业银行	0.562	0.918	0.918	0.810	0.788
北京银行	0.895	0.787	0.726	0.284	0.767
交通银行	0.880	0.907	0.884	0.878	0.862
工商银行	0.690	0.840	0.894	0.747	0.801
建设银行	0.696	0.818	0.938	0.803	0.816

续表

银行	2013年	2014年	2015年	2016年	均值
中国银行	0.813	0.838	0.829	0.863	0.797
中信银行	0.852	0.761	0.810	0.794	0.773
农业银行	0.786	0.843	0.918	0.721	0.724
光大银行	0.881	0.876	0.935	0.894	0.813

第四节 模拟分析结果

本节分为三个层次：首先，在系统风险因素点估计条件下模拟各银行的条件费率结果；其次，在系统风险因素特定区间预期下测算银行面临的存款保险费率情况，研究经济形势不同情境下费率的变化趋势；最后，将传统的 Merton 期权费率与本文测算得到的费率结果进行比较分析，并在极端经济形势下进行压力测试。

一 系统风险点估计条件下的费率测算结果

取系统风险因素 95% 置信度下的分位数点 $z_{0.05} = N^{-1}(0.05)$，即有 $\Pr(Z_Y > z_{0.05}) = 95\%$。将 $z_y = z_{0.05}$ 代入式（6-15），其他参数取值见表6-1、表6-2，得到系统风险因素 95% 置信度下，16家上市银行 2008—2016 年度的存款保险费率，具体测算结果见表6-3。从结果看，各银行各年度内费率水平具有较大差别，同一年度内各银行存款保险费率的差别主要反映了各银行特定风险因素的不同，而同一银行不同年度内费率的差别则是银行特定风险因素和系统风险因素共同作用的结果。表6-3的费率结果可看作置信度为95%的费率水平,即有95%的概率实际发生损失不会超过测算的保费水平。

表6-3　系统风险95%分位数点取值下各银行存款保险费率　　单位:%

银行	2008年	2009年	2010年	2011年	2012年
平安银行	59.821	48.542	22.408	0.026	6.7E-21
宁波银行	26.990	26.365	37.418	3.557	8.2E-05
浦发银行	85.710	58.695	32.817	3.644	6.2E-29
华夏银行	32.854	10.761	2.475	9.889	2.2E-12
民生银行	80.249	15.920	0.185	4.4E-05	8.4E-11
招商银行	150.863	53.525	18.613	0.028	4.1E-08
南京银行	35.742	9.422	46.728	7.4E-05	4.5E-10
兴业银行	166.429	60.131	26.081	52.441	1.4E-04
北京银行	89.479	26.632	1.036	4.2E-08	0.656
交通银行	79.645	19.722	1.023	3.6E-05	1.3E-04
工商银行	60.015	2.299	0.935	1.2E-04	1.6E-10
建设银行	73.815	5.823	0.159	1.2E-05	1.9E-09
中国银行	65.823	3.749	0.273	1.8E-06	1.2E-07
中信银行	67.574	3.893	6.138	0.020	7.1E-14
农业银行	—	—	—	2.9E-05	9.6E-15
光大银行	—	—	—	0.007	2.9E-19
银行	2013年	2014年	2015年	2016年	均值
平安银行	21.235	0.069	5.875	1.3E-04	17.553
宁波银行	0.004	0.002	36.508	0.014	14.540
浦发银行	0.003	2.7E-14	0.154	3.4E-04	20.114
华夏银行	1.099	2.1E-08	5.847	1.5E-28	6.992
民生银行	8.921	0.298	2.336	3.7E-15	11.990
招商银行	0.448	3.5E-10	1.321	4.7E-08	24.978
南京银行	4.0E-12	7.4E-07	10.534	35.007	15.270

续表

银行	2013 年	2014 年	2015 年	2016 年	均值
兴业银行	29.559	9.9E-10	0.581	1.9E-21	37.247
北京银行	1.1E-06	0.036	9.362	0.312	14.168
交通银行	7.5E-17	7.6E-13	0.772	4.2E-43	11.240
工商银行	6.3E-09	6.8E-09	0.045	1.8E-28	7.033
建设银行	2.5E-05	2.7E-05	0.458	4.9E-27	8.917
中国银行	8.2E-07	1.8E-05	1.147	4.6E-38	7.888
中信银行	4.5E-06	0.087	4.388	1.6E-09	9.122
农业银行	7.9E-08	1.9E-07	0.006	8.4E-30	0.001
光大银行	6.5E-04	1.5E-08	2.653	5.1E-49	0.444

进一步，取系统风险因素90%（$z_y = z_{0.1}$）和99%（$z_y = z_{0.01}$）置信度下的分位数点计算各银行各年度的费率水平，并与95%置信度下得到的费率进行比较，具体结果见图6-1和图6-2。具体来看，图6-1表示三种不同置信度下，各银行九年间的平均费率水平，由于三种置信度均反映极端风险情况，因此图6-1实际上比较了各银行对不同极端系统风险的费率敏感程度。整体来看：①在三种置信度下，16家银行中兴业银行的平均费率均为最高，而农业银行的平均费率最低；②各银行费率对系统风险因素均表现出了负相关关系，即系统风险因素取值越低（对应风险水平越高），银行费率水平越高，体现了存款保险费率随系统风险增大而提高的趋势；③各银行费率对系统风险因素的敏感程度不同，其中华夏银行费率的敏感性相对较低，表现为不同置信度下费率水平差距相对较小，而宁波、交通和中信银行在系统风险因素较高时，费率有更大程度的增加。当宏观经济形势有下行趋势时，费率系统风险敏感度高的银行应当缴纳更高的费率。

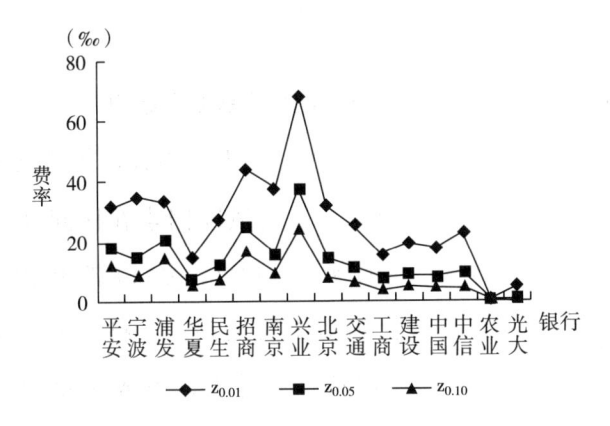

第六章 系统风险不同预期下的存款保险费率测算 | 127

图 6-1 不同置信度下各银行平均费率

图 6-2 显示了三种不同置信度下，各年度内 16 家银行的平均费率变化情况。结果显示：①在三种置信度下，2008 年银行业的平均费率最高，2011 年以后相对较低；②从平均费率来看，银行业在不同年度内对系统风险因素的敏感度不完全相同，其中 2010 年和 2015 年总体来看，银行业对高系统风险更加敏感，表现为较高系统风险下更高的平均费率水平。由于银行系统内各银行的关联状况在不同年份不尽相同，故银行存款保险费率对系统风险因素的敏感程度在不同年度也会有所变化。

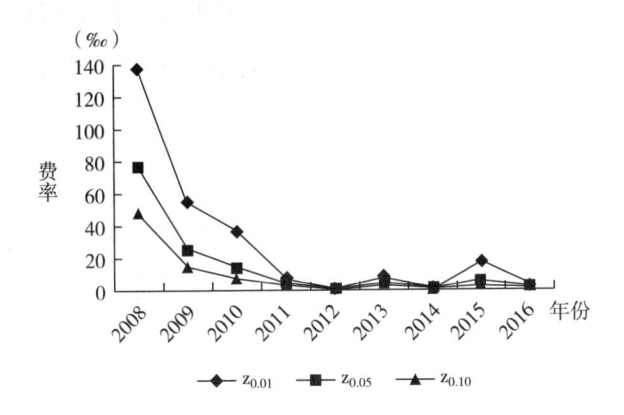

图 6-2 不同置信度下各年度平均费率

二 系统风险区间估计条件下的费率测算结果

以系统风险因素均值（即 $z_y = z_{0.5} = 0$）为界，将系统风险因素可能的取值区间分为两部分，当系统风险因素在区间 $(-\infty, 0]$ 取值时，表征经济形势下行的预期；相反，系统风险因素取值区间为 $[0, +\infty)$ 时，代表经济形势上行的预期。将相关参数代入式 (6-19)，得到系统风险区间估计条件下，16家上市银行2008—2016年度存款保险的费率，具体测算结果见表6-4。在不同经济形势预期下，各银行各年度内存款保险费率具有较大差别，经济下行预期下各银行的存款保险费率显著高于经济上行预期下的费率水平。对宏观经济形势的准确预期难度较大，"上行/下行"的基本划分虽比较模糊，但在此基础上计算的存款保险费率水平，能够在粗略估计经济形势前提下判断实际费率水平的充足性。当对下一年度经济形势有下行预期时，各银行实际缴纳的存款保险费率与表6-4列示的下行费率之间的差距，即为存款保险在经济形势下行期可能面临的费率缺口，这在存款保险制度建立初期的中国具有比较重要的意义。相反，当经济形势有显著上行预期时，银行实际面临的存款保险费率高于表6-4中上行费率的部分，相对流动性要求较低，可考虑差异性投资项目。

表6-4　系统风险不同区间估值下各银行存款保险费率　　单位:%

银行	2008年 下行 上行	2009年 下行 上行	2010年 下行 上行	2011年 下行 上行	2012年 下行 上行
平安银行	37.127 7.751	20.681 0.292	8.000 2.9E-04	0.152 5.7E-05	0.026 2.6E-39
宁波银行	16.889 3.262	11.119 0.005	13.908 9.4E-04	4.145 2.4E-05	0.604 6.2E-13

第六章 系统风险不同预期下的存款保险费率测算

续表

银行	2008年 下行 上行	2009年 下行 上行	2010年 下行 上行	2011年 下行 上行	2012年 下行 上行
浦发银行	46.143 4.274	40.789 13.529	16.076 0.789	2.293 0.132	0.090 1.6E-58
华夏银行	24.848 1.079	5.128 0.002	1.979 2.9E-04	5.052 0.154	0.133 4.2E-26
民生银行	31.739 0.173	7.166 0.022	1.633 4.2E-13	0.322 1.2E-12	0.081 1.7E-21
招商银行	60.849 0.267	27.429 2.004	7.004 1.7E-05	0.866 5.0E-10	0.315 3.1E-20
南京银行	15.386 0.001	7.057 3.1E-05	20.928 0.323	0.858 1.5E-13	0.383 1.9E-22
兴业银行	71.705 1.102	23.129 0.050	9.903 3.2E-04	34.371 8.921	0.353 1.2E-10
北京银行	33.639 0.079	10.902 0.003	2.343 3.0E-12	0.444 2.8E-22	0.727 0.007
交通银行	29.054 0.031	8.566 0.008	2.387 1.8E-12	0.245 8.4E-12	0.069 8.2E-09
工商银行	22.848 0.061	2.106 3.9E-05	1.352 3.6E-05	0.087 2.7E-09	0.002 1.8E-17
建设银行	26.632 0.021	3.423 8.9E-05	1.104 4.5E-09	0.034 2.3E-10	0.001 4.0E-15
中国银行	24.212 0.024	2.858 0.002	0.932 2.8E-05	0.107 5.3E-13	7.8E-04 9.2E-12
中信银行	24.442 0.019	2.942 9.9E-05	4.077 9.1E-07	0.015 0.003	0.069 3.3E-27
农业银行	—	—	—	3.2E-04 2.8E-07	5.5E-06 6.9E-22
光大银行	—	—	—	0.034 6E-05	1.5E-04 2.1E-31

银行	2013年 下行 上行	2014年 下行 上行	2015年 下行 上行	2016年 下行 上行	均值 下行 上行
平安银行	12.897 2.068	0.813 3.8E-06	3.704 0.004	0.004 4.1E-07	9.267 1.124
宁波银行	1.331 2.6E-11	1.346 3.3E-13	18.138 0.554	1.077 1.2E-07	7.618 0.425
浦发银行	0.887 8.5E-12	0.356 3.7E-34	1.610 2.1E-08	0.012 8.1E-07	12.028 2.080
华夏银行	1.025 0.009	0.414 3.9E-22	3.529 0.010	0.036 8.9E-55	4.683 1.25
民生银行	5.388 7.0E-04	0.892 2.1E-04	3.251 8.3E-06	2.0E-05 4.6E-23	5.608 0.022
招商银行	1.069 6.9E-05	0.239 2.2E-22	2.470 6.1E-07	0.047 4.7E-15	11.143 0.252
南京银行	0.415 4.8E-28	0.301 3.4E-15	5.705 0.027	26.411 11.656	8.605 1.334
兴业银行	16.484 1.485	0.565 3.9E-25	3.305 3.3E-09	1.2E-05 1.2E-33	17.757 1.284
北京银行	0.640 4.5E-18	0.839 5.7E-07	5.501 0.033	0.229 0.035	6.14 0.018
交通银行	0.034 9.3E-32	0.270 1.3E-28	2.508 4.9E-07	9.7E-11 4.3E-65	4.792 0.004
工商银行	0.003 1.1E-14	0.125 2.2E-18	1.247 7.3E-10	8.1E-12 1.3E-39	3.086 0.007
建设银行	0.054 4.2E-10	0.279 2.1E-12	2.118 7.5E-11	1.3E-08 4.3E-40	3.738 0.002
中国银行	0.181 1.7E-14	0.380 2.5E-13	2.052 4.1E-05	6.0E-10 2.1E-57	3.414 0.003

续表

银行	2013 年 下行 上行	2014 年 下行 上行	2015 年 下行 上行	2016 年 下行 上行	均值 下行 上行
中信银行	0.345 9.5E−15	0.725 6.8E−06	3.299 0.001	0.040 9.6E−18	3.995 0.003
农业银行	0.051 4.1E−15	0.169 2.2E−16	0.973 4.0E−13	1.1E−13 2.6E−40	0.199 4.7E−08
光大银行	0.781 1.3E−12	0.328 1.1E−19	3.772 1.4E−08	1.9E−11 2.1E−74	0.819 1E−05

进一步，对系统风险因素进行不同的区间划分，可测算出银行不同经济形势下的平均费率水平。当系统风险因素取值区间为 $(-\infty, +\infty)$ 时，得到无特定预期下各银行的存款保险费率（对应表 6−5 第 2 列），以此作为其他区间估计费率的比较基准，并在下一节与传统 Merton 期权定价方法下的费率进行比较。当系统风险因素在区间 $[z_{0.25}, z_{0.75}]$ 取值时（对应表 6−5 第 3 列），得到经济形势平稳预期下的费率水平。当预期银行系统整体稳定，系统风险因素可能的取值集中在均值附近时，各银行的平均费率比无预期情况下的费率有明显下降，表现出系统风险尾部极端分布对费率影响的非对称性，即风险极高区间对费率的贡献远远大于风险极低区间，从而扣除两段尾部区间后，平稳区间内测算的费率水平有明显下降。

表 6−5　系统风险因素不同区间预期下各年度银行业平均费率水平

年份	无预期	平稳	强下行	弱下行	弱上行	强上行
2008	17.631	5.641	58.128	8.374	2.908	1.113
2009	6.758	2.491	21.375	3.381	1.600	0.674
2010	3.312	0.419	12.396	0.694	0.144	0.015
2011	2.079	1.288	5.353	1.646	0.930	0.386

续表

年份	无预期	平稳	强下行	弱下行	弱上行	强上行
2012	0.102	0.002	0.404	0.004	9.30E-04	1.22E-04
2013	1.583	0.656	4.905	0.916	0.396	0.113
2014	0.269	2.30E-04	1.077	4.25E-04	3.09E-05	9.94E-07
2015	2.109	0.240	7.949	0.399	0.081	0.008
2016	1.412	1.232	2.559	1.420	1.044	0.626

更直观的结果见表6-5第4至第7列,将系统风险因素取值区间做更细致的划分,得到四个区间:$(-\infty, z_{0.25}]$、$(z_{0.25}, z_{0.5}]$、$(z_{0.5}, z_{0.75}]$和$(z_{0.75}, +\infty)$,进而测算出经济形势强下行、弱下行、弱上行和强上行预期下银行的平均费率水平。与无预期基准费率比较,不仅经济形势上行两种情况下的费率水平显著较低,即使在经济弱下行预期下,测算得到的费率水平也远低于基准费率,而经济强下行预期下的费率水平远高于基准费率。极端经济形势对费率影响的非对称性表明:①为保证经济形势强下行情况下存款保险基金充足,需在经济平稳期和上行期做足够多的保费积累,因此在存款保险制度建立初期(无法满足积累期足够多),相关部门应做其他资金储备,以应对经济突发事件可能引致的存款保险基金充足性问题;②当经济形势平稳上行情况下,存款保险基金流动性要求较低,应主动运用基金投资增值,以加快基金积累速度。

三 系统风险不同预期下的费率与传统 Merton 费率的比较

当式(6-15)中银行系统风险敏感系数$\rho_i = 0$时,费率公式退化为不考虑系统风险因素的传统 Merton 存款保险期权定价公式。图6-3和图6-4给出了系统风险因素区间估计条件下银行存款保险

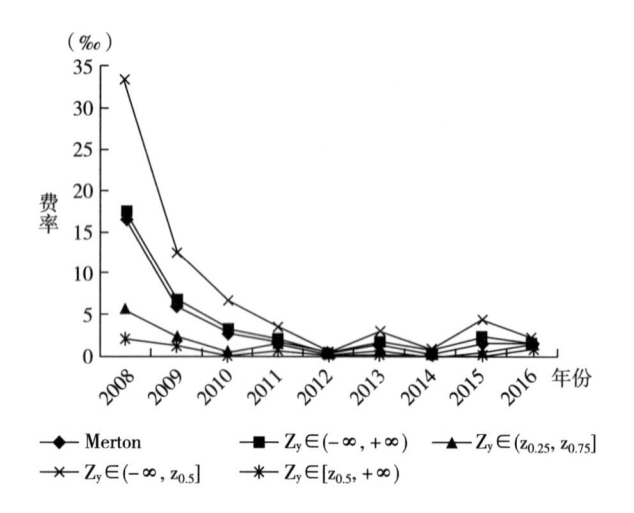

图 6-3 不同定价法下年度平均费率比较

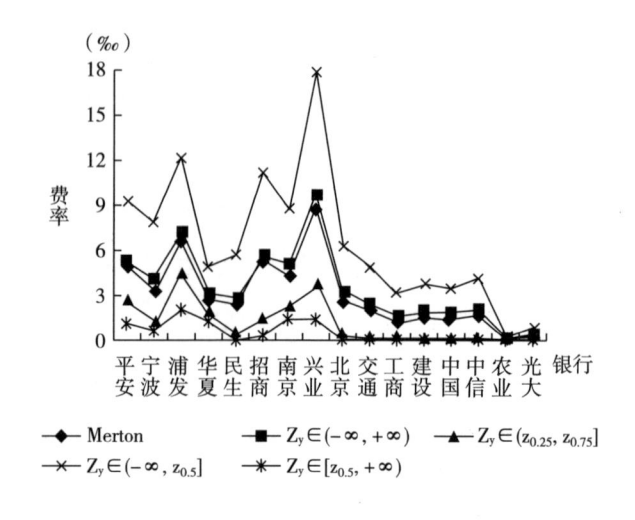

图 6-4 不同定价法下银行平均费率比较

费率与传统 Merton 费率的比较结果,其中,图 6-3 显示了 9 年间银行系统平均费率的比较情况,而图 6-4 从银行的角度出发,比较了 16 家银行 9 年平均费率的情况。从比较结果看:①不同系统风险因素区间估计下得到的费率结果与传统 Merton 期权定价法下的费率结果相比，无论从年均费率还是行均费率的角度看，都具有一致的趋势，表明该方法与 Merton 定价方法类似，能够在一定程度上反映各银行各年度的风险程度；②Merton 定价法不考虑系统风险因素不同预期的影响，实际上相当于是在系统风险因素全概率的视角下，计算单个银行的风险费率，因此当系统风险因素取值区间为（$-\infty$，$+\infty$）时（对应第四节第二小节无预期费率结果），本书方法估算出的费率结果与传统 Merton 定价法得到的费率结果具有高度一致性；③总体来看，考虑系统风险因素全概率区间的费率估算结果略高于 Merton 定价法下的费率，表明从银行受系统风险影响程度的角度计算费率，能够在一定程度上补偿银行间关联性引致的违约额外成本；④当系统风险因素有特定预期时，Merton 定价法下确定的费率水平可能与各银行各年度实际面临的风险成本有较大差距。

最后，模拟经济形势极端情况下各银行年均费率的变化情况。取第四节第一小节系统风险因素 90% 和 95% 置信度下的费率计算结果，度量极端风险情况下银行可能面临的风险成本。进一步，当经济形势有强下行预期时，取第四节第二小节系统风险因素（$-\infty$，$z_{0.25}$]区间估值情况下的费率结果，并与传统 Merton 期权定价法下的费率结果进行比较，具体结果见图 6-5。结果表明：①当经济形势出现极端情况时，Merton 费率与实际风险成本可能存在较大差距，经济形势越差，差距越明显；②在系统风险强下行预期下，运用系统风险区间估计下测算的费率与实际风险成本的契合度相对较好；③各银行对极端系统风险的敏感程度不同，进而传统定价法下费率低估程度也不同，其中华夏、农业和光大银行的低估程度较低，而兴业和招商银行的低估程度最高。

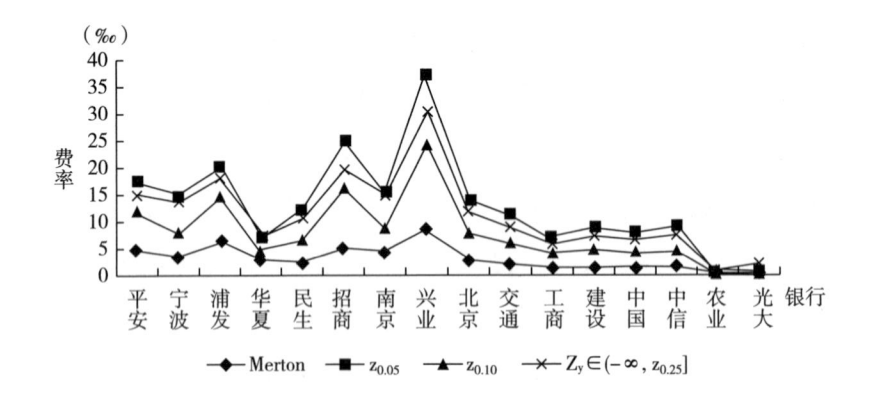

图6-5 极端风险预期下 Merton 定价法、系统风险点估计定价法与系统风险区间估计定价法的比较

本章小结

本章相关结论包括两部分：

（1）银行存款保险费率与系统风险因素的关系，具体结论包括：①各银行风险费率对系统风险因素均表现出了负相关关系，但各银行费率对系统风险因素的敏感程度不同，其中华夏银行费率的敏感性相对较低，而宁波、交通和中信银行费率对系统风险因素更为敏感；②银行在不同年度内对系统风险因素的敏感度不完全相同，其中2010年和2015年总体来看，银行业对高系统风险因素更加敏感，表现为高系统风险因素下更高的平均费率水平；③经济形势尾部极端分布对费率的影响具有非对称性特点，即风险极高区间对平均费率的贡献远远高于风险极低区间的影响。

（2）系统风险因素不同预期下的费率与 Merton 费率的比较结

果，具体结论包括：①系统风险因素全概率区间下测算的费率水平与 Merton 费率相比，处于略高且非常接近的趋势，较高的费率能够适度补偿银行间关联性导致的违约额外成本；②当经济形势有较明朗预期时，Merton 定价法下确定的费率水平可能与各银行各年度实际面临的风险成本有较大差距，当经济形势出现极端情况时，系统风险区间估计下测算的费率与实际风险成本的契合度相对较好；③各银行对极端系统风险的敏感程度不同，进而 Merton 定价法下费率低估程度也不同，其中华夏、农业和光大银行低估程度较低，而兴业和招商银行的低估程度最高。

上述结论至少在两个方面具有启示作用：①传统的 Merton 费率较接近于不对系统风险因素进行任何预期下确定的费率水平，因此在存款保险制度推行的初期，一旦出现极端经济形势，存款保险基金的充足性将受到挑战；②由于不同年度不同银行对系统风险因素的敏感程度不同，不考虑系统风险因素的定价方法难以准确反映银行违约风险随经济形势波动的变化情况，系统风险因素不同预期下确定的费率有助于提升费率的针对性和公平性。

另外，本章提出的存款保险费率测算方法存在一定的局限性：首先，由于我国上市银行数量有限，且相关数据在 2008 年以后才相对完整，故本章参数估计能获取的数据相对偏少，且非上市银行的推广方法仍需进一步研究；其次，各年度银行系统风险因素如何确定，仍缺少实证研究相佐证。随着我国存款保险制度的运行及相关数据的进一步完善，本章提出的费率测算方法可做进一步调整和完善。

第七章　基于银行资产价值跳变分离的存款保险定价模型

第一节　问题的提出

经典的存款保险定价模型多数需要在银行资产价值满足某种分布假设的条件下，依据能够获得的数据，估计得到符合模型假设的参数，进而计算得到满足一定条件下的存款保险费率水平。然而，从各国存款保险定价的实证研究过程来看，模型参数估计能够依据的数据多为上市银行每日公布的股票价格。股票价格具有较高的波动性，以银行股票价格为依据计算得到的存款保险费率稳定性存在很大问题，从具体表现来看，不仅不同银行间费率水平差距较大，同一银行不同年度间存款保险费率水平也具有很大差别。费率水平的稳定性较差会导致费率测算和征收的成本加大，实际操作过程相对复杂，更重要的是，如果计算费率的基本数据具有较高的波动性或随机干扰因素过高，计算得到的存款保险费率势必难以反映各银行真正的风险水平。因此，如何识别基础数据的平稳部分和随机部分，进而构建既满足连续变化又符合跳跃过程的银行资产价值变化过程，是能够更准确计算存款保险费率的依据。

基于此，本章构建银行系统资产价值跳变分离的模型，进而分离出银行资产价值数据中的连续变化部分和跳跃过程部分，在此基础上给出反映跳变分离过程的存款保险定价模型。本章的其余部分安排如下：第二节给出银行系统资产跳变分离的模型；第三节给出基于跳变分离过程的存款保险定价模型；第四节给出本章的主要总结。

第二节 银行系统资产跳变分离模型

一 银行系统资产价值的跳扩散模型

假设银行系统总资产价值服从含有跳扩散过程的几何布朗运动，即：

$$dV_t/V_t = \mu_V dt + \sigma_V dW_t + (\theta_{Q_{t,\lambda}} - 1) dQ_{t,\lambda} \quad (7-1)$$

其中，

(1) μ_V 为银行总资产的即时收益率，σ_V 为总资产收益率的波动率，W_t 为标准维纳过程；

(2) $Q_{t,\lambda}$ 是强度为 λ 的 Possion 过程，表示从 0 到 t 时刻的跳跃次数；

(3) $\{\theta_j, j=1, 2, \cdots, Q_{t,\lambda}\}$ 是一独立同分布的随机变量序列，θ_{j-1} 表示第 j 次的跳跃幅度，满足 $\ln\theta_j \sim N(\mu_\theta, \sigma_\theta^2)$，这里，$N(\mu_\theta, \sigma_\theta^2)$ 均值为 μ_θ、方差为 σ^2 的正态分布；

(4) W_t 与 $Q_{t,\lambda}$ 相互独立，且均独立于 θ_j。

运用伊藤定理,式(7-1)变形为:

$$\mathrm{d}\ln V_t = \left(\mu_V - \frac{\sigma_V^2}{2}\right)\mathrm{d}t + \sigma_V \mathrm{d}W_t + \ln\theta_{Q_{t,\lambda}} \mathrm{d}Q_{t,\lambda} \qquad (7-2)$$

解式(7-2)的微分方程得到:

$$V_t = V_0 \cdot \exp\left[\left(\mu_V - \frac{\sigma_V^2}{2}\right)t + \sigma_V \int_0^t \mathrm{d}W_t\right] \cdot \prod_{j=1}^{Q_{t,\lambda}} \theta_j \qquad (7-3)$$

采用 Euler 方法[1][2]对式(7-3)的跳扩散过程进行离散化,设步长为 Δt,得到:

$$V_t = V_{t-\Delta t} \cdot \exp\left[\left(\mu_V - \frac{\sigma_V^2}{2}\right)\Delta t + \sigma_V \sqrt{\Delta t} \cdot z_t\right] \cdot \prod_{j=1}^{q_{t,\lambda}} \theta_j \qquad (7-4)$$

其中,$z_t = \int_{t-\Delta t}^{t} \mathrm{d}W / \sqrt{\Delta t}$ 服从标准正态分布,$q_{t,\lambda} = Q_{t,\lambda} - Q_{t-\Delta t}$ 表示区间 $[t-\Delta t, t]$ 内的跳跃次数,$q_{t,\lambda}$ 服从强度为 $\lambda\Delta t$ 的泊松分布。式(7-4)经变换得到:

$$\Delta \ln V_t = \left(\mu_V - \frac{\sigma_V^2}{2} + \lambda\mu_\theta\right)\Delta t + \sigma_V \sqrt{\Delta t} \cdot z_t + \Delta\varepsilon_t \qquad (7-5)$$

其中,$\Delta\varepsilon_t = \sum_{j=1}^{q_t} \ln(\theta_j) - \lambda\mu_\theta\Delta t$。当跳跃次数 q_t 确定条件下,$\Delta\varepsilon_t$ 的条件分布为正态分布,且有:

$$\begin{aligned} E(\Delta\varepsilon_t \mid q_t) &= E\Big(\sum_{j=1}^{q_t} \ln(\theta_j) \mid q_t\Big) - \lambda\mu_\theta\Delta t \\ &= q_t\mu_\theta - \lambda\mu_\theta\Delta t \quad \mathrm{Var}(\Delta\varepsilon_t \mid q_t) = q_t\sigma_\theta^2 \end{aligned} \qquad (7-6)$$

进一步,由于 z_t 服从标准正态分布,因此当跳跃次数 q_t 确定条件下,$\Delta\ln V_t$ 的条件分布仍为正态分布,且满足:

---

[1] Yves Achdou and Olivier Pironneau, *Computational Methods for Option Pricing*", Cambridge University Press, 2005.
[2] 杨瑞成、秦学志、陈田:《基于条扩散和随机相关的金融衍生产品定价模型研究——以人民币汇率期权与债务抵押证券为对象》,科学出版社 2010 年版。

$$E(\Delta \ln V_t \mid q_t) = \left(\mu_V - \frac{\sigma_V^2}{2} + \lambda\mu_\theta\right)\Delta t + q_t\mu_\theta - \lambda\mu_\theta\Delta t - \left(\mu_V - \frac{\sigma_V^2}{2}\right)\Delta t + q_t\mu_\theta$$

$$Var(\Delta \ln V_t \mid q_t) = \sigma_V^2 \Delta t + q_t \sigma_\theta^2 \qquad (7-7)$$

因此，$\Delta \ln V_t$ 的密度函数为：

$$\varphi_t = \sum_{j=0}^{\infty} \left\{ \Pr(q_t = j) \cdot f_N \left[\left(\mu_V - \frac{\sigma_V^2}{2}\right)\Delta t + j\mu_\theta, \sigma_V^2 \Delta t + j\sigma_\theta^2 \right] \right\}$$

$$(7-8)$$

其中，$\Pr(q_t = j) = \dfrac{(\lambda \Delta t)^j}{j!} \exp(-\lambda \Delta t)$，$f_N$ 为正态分布的密度函数。记 t_1, t_2, $\cdots$, t_n 时刻 V_t 的观测值分别为 v_1, v_2, $\cdots$, v_n，则 $\ln V_t$ 的对数似然函数表示为：

$$L_{\ln V_t}(\mu_V, \mu_\theta, \lambda > 0, \sigma_V > 0, \sigma_\theta > 0) = \sum_{i=1}^{n} \ln \varphi_{t_i}(v_1, \mu_V, \mu_\theta, \lambda, \sigma_V,$$

$$\sigma_\theta) = \sum_{h=1}^{n} \ln \sum_{j=0}^{\infty} \left\{ \Pr(q_t = j) \cdot f_N \left[\left(\mu_V - \frac{\sigma_V^2}{2}\right)\Delta t + j\mu_\theta, \sigma_V^2 \Delta t + j\sigma_\theta^2 \right] \right\}$$

$$(7-9)$$

由于当 Δt 很小时，泊松过程至多发生一次"跳"。在这里，假设银行资产价值一天之内最多只发生一次"跳"，因此有：

$$L_{\ln V_t}(\mu_V, \mu_\theta, \lambda > 0, \sigma_V > 0, \sigma_\theta > 0) = \sum_{h=1}^{n} \ln \left\{ f_N \left[\left(\mu_V - \frac{\sigma_V^2}{2}\right)\Delta t, \sigma_V^2 \Delta t \right] + \right.$$

$$\left. \lambda \Delta t \cdot f_N \left[\left(\mu_V - \frac{\sigma_V^2}{2}\right)\Delta t + \mu_\theta, \sigma_V^2 \Delta t + \sigma_\theta^2 \right] \right\} - n\lambda\Delta t \qquad (7-10)$$

由于每个时段末银行的资产价值 V_t 不可观测，需根据可观测的上市银行股权价值进行估计。[①] 设每时段末银行股权价值为 S_t，S_t 可看作一份标的资产为 V_t、执行价格为 D_T 的跳扩散模型下的欧式看涨

---

① 刘海龙、杨继光：《基于银行监管资本的存款保险定价研究》，《管理科学学报》2011 年第 3 期。

期权的价值[①]，S_t与V_t满足：

$$S_t = \sum_{\omega=0}^{\infty} \left\{ \frac{[\lambda'(T-t)]^{\omega}}{\omega!} e^{[-\lambda'(T-t)]} [V_t N(d_{\omega,1}) - D_T e^{-r_{\omega}(T-t)} N(d_{\omega,2})] \right\}$$

(7-11)

其中，

$d_{\omega,1} = [\ln(V_t/D_T) + (r_{\omega} + \sigma_{\omega}^2/2)(T-t)]/(\sigma_{\omega}\sqrt{T-t})$,

$d_{\omega,2} = [\ln(V_t/D_T) + (r_{\omega} + \sigma_{\omega}^2/2)(T-t)]/(\sigma_{\omega}\sqrt{T-t})$,

$\sigma_{\omega}^2 = \sigma_V^2 + (\omega\sigma_{\theta}^2)/(T-t)$,

$r_{\omega} = r - \lambda k + \frac{\omega}{T-t}\left(\mu_{\theta} + \frac{1}{2}\sigma_{\theta}^2\right)$,

$\lambda' = (1+k)\lambda$,

$k = E(\theta_j - 1) = \exp\left(\mu_{\theta} + \frac{\sigma_{\theta}^2}{2}\right) - 1$

由式(7-11)可得 $\partial S_t/\partial \ln(V_t) = V_t \sum_{\omega=0}^{\infty} \frac{[\lambda'(T-t)]^{\omega}}{\omega!} e^{[-\lambda'(T-t)]} \cdot$

$N(d_{\omega,1})$，由似然函数式(7-10)的雅克比变换可得S_t的似然函数为：

$L_{S_t}(\mu_V, \mu_{\theta}, \lambda, \sigma_V, \sigma_{\theta})$

$= L_{\ln V_t}[\hat{V}_t(\mu_{\theta}, \lambda, \sigma_V, \sigma_{\theta}), \mu_V, \mu_{\theta}, \lambda, \sigma_V, \sigma_{\theta}] - \sum_{h=1}^{n} \ln[\hat{V}_t(\mu_{\theta}, \lambda, \sigma_V, \sigma_{\theta})]$

$- \sum_{h=1}^{n} \ln \sum_{\omega=0}^{\infty} \left\{ \frac{[\lambda'(T-t)]^{\omega}}{\omega!} e^{[-\lambda'(T-t)]} N[\hat{d}_{\omega,1}(\mu_{\theta}, \lambda, \sigma_V, \sigma_{\theta})] \right\}$

(7-12)

其中，

$\hat{d}_{\omega,1}(\mu_{\theta}, \lambda, \sigma_V, \sigma_{\theta}) = \left[\ln \frac{\hat{V}_t(\mu_{\theta}, \lambda, \sigma_V, \sigma_{\theta})}{D_T} + (r_{\omega} + \sigma_{\omega}^2/2)\right.$

[①] 孙晓琳、秦学志、陈田：《监管宽容下资本展期的存款保险定价模型》，《运筹与管理》2011年第1期。

$(T-t)\big]\big/(\sigma_\omega\sqrt{T-t})$,$\hat{V}_t(\mu_\theta,\lambda,\sigma_V,\sigma_\theta)$是给定$\mu_\theta$,$\lambda$,$\sigma_V$,$\sigma_\theta$初始值,根据式(7-11)由$S_t$反算出的资产价值。[1]

计算步骤:

(1) 对参数μ_θ,λ,σ_V,σ_θ进行初始赋值,将赋值的μ_θ,λ,σ_V,σ_θ代入式(7-11)得到S_t与V_t的关系式,根据可测的$S_t(t=1,2,\cdots,n)$,得到资产价值的估计值$\hat{V}_t(\mu_\theta,\lambda,\sigma_V,\sigma_\theta)(t=1,2,\cdots,n)$。

(2) 将$\hat{V}_t(\mu_\theta,\lambda,\sigma_V,\sigma_\theta)(t=1,2,\cdots,n)$代入式(7-12),进而进行优化计算,得到五个参数第一组的估计值$\hat{\mu}_V(1)$,$\hat{\mu}_\theta(1)$,$\hat{\lambda}(1)$,$\hat{\sigma}_V(1)$,$\hat{\sigma}_\theta(1)$。

(3) 再将$\hat{\mu}_V(1)$,$\hat{\mu}_\theta(1)$,$\hat{\lambda}(1)$,$\hat{\sigma}_V(1)$,$\hat{\sigma}_\theta(1)$作为初始值代入式(7-11),重复上面过程直到各参数收敛。

Duan(1994)[2]的研究证明了上述估计的一致性和有效性。由上述极大似然估计方法可知,参数估计需要三方面的数据:银行系统每个交易日的总股权价值、年末的总负债价值和当年的无风险利率。其中,银行系统每个交易日的总股权价值等于单个银行股权价值之和,单个银行每日股权价值等于该银行股本与当日股票收盘价的乘积;总负债价值取各银行每年年末总存款的账面价值之和,无风险利率取$r_f=0.0225$。[3] 具体测算结果见表7-1、表7-2。

---

[1] 刘海龙、杨继光:《基于银行监管资本的存款保险定价研究》,《管理科学学报》2011年第3期。

[2] Duan, J. C., "Maximum likelihood estimation using price data of the derivative contract", *Mathematical Finance*, 1994, 4 (2): 155–167.

[3] 吕筱宁、秦学志:《考虑银行破产外部效应的存款保险定价方法》,《运筹与管理》2014年第2期。

二 银行系统总资产跳辨识模型

本节将运用 Lee 和 Mykland[①] 的方法检测任意给定的某一天内的资产收益数据是服从一个纯粹的连续分布还是过程中的一个跳。该方法认为如果一个收益数据包含跳变部分,那么这个数据就会超长大,原因在于其波动率。高波动率数据较低波动率数据更易出现异常值。因此,该方法应用统计学中的渐进理论和无跳拒绝域理论研究数据的波动性,能更有效、更简便地辨别出给定数据中是否包含跳及跳跃发生时刻。

t_l ($l = 1, 2, \cdots, n$) 时刻计算的统计量 $\varGamma_l$ 可测试出跳是否出现在时间段 $[t_{l-1}, t_l]$ 之内,且以如下形式给出:

$$\varGamma_l = \frac{\ln V_{t_l} - \ln V_{t_{l-1}}}{\hat{\sigma}_{t_l}} \qquad (7-13)$$

其中,$\hat{\sigma}_{t_l}^2 = \dfrac{1}{K-2} \sum_{g=l-K+2}^{l-1} (\,|\ln V_{t_g} - \ln V_{t_{g-1}}| \times |\ln V_{t_{g-1}} - \ln V_{t_{g-2}}|\,)$。

这里,K 为视窗长度,如果 K 值过小,统计量 $\varGamma_l$ 将无法作为有效的跳识别估计量;如果 K 值过大又会带来沉重的计算负担。因此 K 需要满足的条件是 $K = O_p(\Delta^\alpha)$,其中 $-1 < \alpha < -0.5$。这里 O_p 表示这样一种关系:对于随机变量 $\{X_n\}$ 及非负随机变量 $\{b_n\}$,如果任意 $\delta > 0$,存在一个有限常数 M_δ 使 $P(|X_n| > M_\delta b_n) < \delta$,则有 $X_n = O_p(b_n)$。由 $K = O_p(\Delta^\alpha)$ 可知,Δt 决定了视窗长度 K。Lee 和 Mykland 给出了在给定的 α 范围内可能的视窗长度,并推荐使用最小值作为估计窗口,仿真结果证实选择大于这一长度的视窗只会增加

[①] Lee, S. S. and Mykland, P. A. , "Jumps in financial market: A new nonparametric test and jump", *The Review of Financial Studies*, 2008, 21 (6): 2535 – 2563.

第七章 基于银行资产价值跳变分离的存款保险定价模型 | 143

计算负担。

最后，Lee 和 Mykland 给出了跳辨识的拒绝域。若在 $[t_{l-1}, t_l]$ 内没有跳，在 $\Delta t \to 0$ 时，

$$\frac{\max|\Gamma_l| - C_n}{B_n} \to \xi \tag{7-14}$$

其中，

（1）ξ 是一个累积分布函数；

（2）$P(\xi \leq x) = \exp(-e^{-x})$；

（3）$C_n = [(2\ln n)^{0.5}]/c - [\ln\pi + \ln(\ln n)]/[2c(2\ln n)^{0.5}]$；

（4）$B_n = 1/[c(2\ln n)^{0.5}]$；

（5）$c = (2/\pi)^{0.5}$。

选择显著性水平 α，若$(|\Gamma_l| - C_n)/B_n > \beta^*$，则拒绝在检测时间段内不存在跳的假设。其中，$P(\xi \leq \beta^*) = \exp(-e^{-\beta^*}) = 1 - \alpha$，阈值 $\beta^* = -\ln[-\ln(1-\alpha)]$。根据上述理论，针对资产价值的时间序列估计值数据给出跳辨识步骤如下：

步骤 1：利用式（7-13）计算统计量 Γ_l；

步骤 2：选择一个显著性水平 α，计算阈值 β^*；

步骤 3：如果 $(|\Gamma_l| - C_n)/B_n > \beta^*$，则拒绝在检测时间段内不存在跳的假设，否则接受假设，据此确定该数据是否是跳变数据。

将上节最终参数估计值 $\hat{\mu}_V(1)$，$\hat{\mu}_\theta(1)$，$\hat{\lambda}(1)$，$\hat{\sigma}_V(1)$，$\hat{\sigma}_\theta(1)$ 代入式（7-11），进而根据 S_t（$t=1, 2, \cdots, n$），得到资产价值最终的估计值 $\hat{V}_t$（$\mu_\theta, \lambda, \sigma_V, \sigma_\theta$）。进一步利用上述跳辨识算法滤出跳变部分，记录跳变发生的日期。

第三节　基于跳变分离的存款保险定价模型

一　个别银行资产价值跳变分离模型

银行系统共有 m 家银行，各银行均服从含有跳扩散过程的几何布朗运动，连续变化部分依据银行自身的资产收益率和波动率，而跳跃变化部分，跳跃次数的变化依据银行系统总资产的跳跃强度 λ，每次跳跃的变化量依据各银行自身的跳跃幅度，即有：

$$dV_{i,t}/V_{i,t} = \mu_{i,V}dt + \sigma_{i,V}dW_{i,t} + (\theta_{i,Q_{t,\lambda}} - 1)dQ_{t,\lambda} \quad (i = 1, 2, \cdots, m)$$

(7 - 15)

其中，

(1) $\mu_{i,V}$ 为各银行的资产收益率，$\sigma_{i,V}$ 为各银行资产收益率的波动率；

(2) $\{\theta_{i,j}, j = 1, 2, \cdots, Q_{t,\lambda}\}$ $(i = 1, 2, \cdots, m)$ 是 m 个独立同分布的随机变量序列，$\theta_{i,j-1}$ 表示银行 i 对系统第 j 次跳的跳跃幅度，满足 $\ln\theta_{i,j} \sim (N(\mu_{i,\theta}, \sigma_{i,\theta}^2))$，这里，$N(\mu_{i,\theta}, \sigma_{i,\theta}^2)$ 是均值为 $\mu_{i,\theta}$、方差为 $\sigma_{i,\theta}^2$ 的正态分布；

(3) $W_{i,t}$ 与 $Q_{t,\lambda}$ 相互独立，且均独立于 $\theta_{i,j}$。

根据上一部分记录的银行系统跳跃发生日期，收集各银行在系统跳跃当日资产价值的变化数据，进而在 $\theta_{i,j-1}$ 服从正态分布的假设下，运用极大似然估计法可估计得到个别银行资产价值随系统跳跃发生时的跳跃幅度均值 $\mu_{i,\theta}$ 和方差 $\sigma_{i,\theta}^2$。

二 存款保险定价模型

假设银行负债全部来源于存款，存款保险的保险期间与存款期间相同，均为 0—T 时期。由式（7-15）可知，存款保险的价值可以看作以银行资产价值为标的资产，以 T 时刻存款价值为行权价格的带有跳跃—扩散的看跌期权的价值。因此，银行购买存款保险需缴纳的保费可由期权定价公式得到：

$$P_i = \sum_{\omega=0}^{\infty} \left\{ \frac{[\lambda'T]^{\omega}}{\omega!} e^{\lambda'} [D_{i,T} e^{-r_{i,\omega}^* T} N(-d_{i,\omega,2}^*) - V_{i,T} N(-d_{i,\omega,1}^*)] \right\}$$

(7-16)

其中，

$$d_{i,\omega,1}^* = [\ln(V_{i,0}/D_{i,T}) + (r_{i,\omega}^* + \sigma_{i,\omega}^{*2}/2)T]/(\sigma_{i,\omega}^* \sqrt{T}),$$

$$d_{i,\omega,2}^* = [\ln(V_{i,0}/D_{i,T}) + (r_{i,\omega}^* - \sigma_{i,\omega}^{*2}/2)T]/(\sigma_{i,\omega}^* \sqrt{T}),$$

$$\sigma_{i,\omega}^{*2} = \sigma_{i,y}^2 + (\omega \sigma_{i,\theta}^2)/T,$$

$$r_{i,\omega}^* = r_i - \lambda k_i + \frac{\omega}{T}\left(\mu_{i,\theta} + \frac{1}{2}\sigma_{i,\theta}^2\right),$$

$$k_i = E(\theta_{i,j} - 1) = \exp\left(\mu_{i,\theta} + \frac{\sigma_{i,\theta}^2}{2}\right) - 1。$$

式（7-16）给出了银行资产价值跳变分离模型下存款保险的定价模型。模型相关参数均与本章第二节相同。

本章小结

本章给出了基于银行资产价值跳变分离模型的存款保险定价方法。在银行系统资产价值跳跃—扩散模型的假设下，构建能够估计银行系统总体收益率、波动率及系统跳跃幅度的参数估计模型，依据估计得到的参数，进一步从实际数据中辨识分离出一定时间内银行系统资产价值变化的连续部分和跳跃部分。从个别银行的视角来看，当整个银行系统发生跳跃变化时，对个别银行产生外来冲击，个别银行将跟随发生跳跃过程。因此将个别银行资产价值变化分为两个部分，连续变化部分依据银行自身的资产收益率和波动率，而跳跃变化部分，跳跃次数的变化依据银行系统总资产的跳跃强度，每次跳跃的变化量依据各银行自身的跳跃幅度。基于以上跳变分离过程，运用带有跳跃—扩散的期权定价模型，得到能反映银行资产价值跳变分离的存款保险定价模型。

由于上述模型参数估计部分对应参数较多，模型的稳定性尚需进一步加强，故本章仅给出理论模型，未做具体的实证分析。稳定参数估计下的实证结果及相关参数的压力测试、敏感度分析将在进一步研究中展开和完善。

附 录

1. 式 (2-10) 的推导

由式 (2-10) 得到:

$$E_{\bar{F}}(x_T) = \int_0^{+\infty} \bar{f}(x_T) x_T \mathrm{d}x_T$$

$$= \int_0^{+\infty} \frac{\exp\left\{-\frac{1}{2}\left[\frac{(\ln x_T - \ln x_0) - (\mu - \sigma^2/2)T}{\sigma\sqrt{T}}\right]^2\right\}}{\sqrt{2\pi T}\sigma x_T} x_T \mathrm{d}x_T$$

$$= x_0 e^{(\mu - \sigma^2/2)T} \int_{-\infty}^{+\infty} \frac{e^{-\frac{1}{2}m^2 + \sigma\sqrt{T}m}}{\sqrt{2\pi}} \mathrm{d}m$$

$$= x_0 e^{(\mu - \sigma^2/2)T} \int_{-\infty}^{+\infty} \frac{e^{-\frac{1}{2}(m - \sigma\sqrt{T})^2 + \sigma^2 T/2}}{\sqrt{2\pi}} \mathrm{d}m$$

$$= x_0 e^{\mu T}$$

$$Var_{\bar{F}}(x_T) = \int_0^{+\infty} \bar{f}(x_T)[x_T - E_{\bar{F}}(x_T)]^2 \mathrm{d}x_T$$

$$= \int_0^{+\infty} \frac{\exp\left\{-\frac{1}{2}\left[\frac{(\ln x_T - \ln x_0) - (\mu - \sigma^2/2)T}{\sigma\sqrt{T}}\right]^2\right\}}{\sqrt{2\pi T}\sigma x_T}$$

$$x_T^2 \mathrm{d}x_T - [E_{\bar{F}}(x_T)]^2$$

$$= x_0^2 e^{(2\mu - \sigma^2)T} \int_{-\infty}^{+\infty} \frac{e^{-\frac{1}{2}m^2 + 2\sigma\sqrt{T}m}}{\sqrt{2\pi}} \mathrm{d}m - [E_{\bar{F}}(x_T)]^2$$

$$= x_0^2 e^{(2\mu-\sigma^2)T} \int_{-\infty}^{+\infty} \frac{e^{-\frac{1}{2}(m-2\sigma\sqrt{T})^2 + 2\sigma^2 T}}{\sqrt{2\pi}} dm - [E_{\bar{F}}(x_T)]^2$$

$$= x_0^2 e^{2\mu T}(e^{\sigma^2 T} - 1)$$

其中，$m = \dfrac{(\ln x_T - \ln x_0) - (\mu - \sigma^2/2)T}{\sigma\sqrt{T}}$。

2. 纯保费的计算过程

保险人在期末 T 时刻的总赔付责任可表示为：

$$\begin{cases} 0 & x_T \geq D_T \\ D_T - x_T & x_T < D_T \end{cases}$$

纯保费计算过程如下：

$$P_{net} = e^{-rT} \int_0^{D_T} (D_T - x_T) \bar{f}(x_T) dx_T$$

$$= e^{-rT} \int_0^{D_T} (D_T - x_T) \frac{\exp\left\{-\dfrac{1}{2}\left[\dfrac{(\ln x_T - \ln x_0) - (\mu - \sigma^2/2)T}{\sigma\sqrt{T}}\right]^2\right\}}{\sqrt{2\pi T}\sigma x_T} dx_T$$

$$= D_T e^{-rT} \int_{-\infty}^{k} \frac{e^{-\frac{1}{2}m^2}}{\sqrt{2\pi}} dm - x_0 e^{(\mu-\sigma^2/2)T - rT} \int_{-\infty}^{k} \frac{e^{-\frac{1}{2}(m-\sigma\sqrt{T})^2 + \sigma^2 T/2}}{\sqrt{2\pi}} dm$$

$$= D_0 N(k) - x_0 e^{(\mu-r)T} N(k - \sigma\sqrt{T})$$

其中，$k = \dfrac{(\ln D_T - \ln x_0) - (\mu - \sigma^2/2)T}{\sigma\sqrt{T}}$。

将式（2-20）代入式（2-21）得到存款保险总保费为：

$$P = D_0 N(k) - e^{(\mu-r)T} x_0 N(k - \sigma\sqrt{T}) + \theta x_0^2 e^{2\mu T}(e^{\sigma^2 T} - 1)$$

3. 式（5-11）的证明

将所有子集 S 按照其中元素个数分类为 n 类，$S(|S| = h)$ 表示所有元素个数为 h 的子集，$h = 1, 2, \cdots, n$。得到式（5-11）右边可表示为：

$$\sum_{S}\sum_{\pi \in (S)}(C_{\pi^{-1}(i)} - C_{\pi^{-1}(i)-1}) = \sum_{h=1}^{n}\sum_{S(|S|=h)}\sum_{\pi \in (S)}(C_{\pi^{-1}(i)} - C_{\pi^{-1}(i)-1})$$

集合 $\Pi(S)$ 中包含 $(n-|S|)!(|S|-1)!$ 个排列,推得 $\sum_{S(|S|=h)}$

$\sum_{\pi \in \Pi(S)}(C_{\pi^{-1}(i)} - C_{\pi^{-1}(i)-1})$ 中求和所对应的排列个数为 $C_{n-1}^{h-1}(n-h)!$

$(h-1)!$,从而 $\sum_{h=1}^{n}\sum_{S(|S|=h)}\sum_{\pi \in \Pi(S)}(C_{\pi^{-1}(i)} - C_{\pi^{-1}(i)-1})$ 中求和所对应的排列的个数为:

$$\sum_{h=1}^{n} C_{n-1}^{h-1}(n-h)!(h-1)! = \sum_{h=1}^{n}\frac{(n-1)!}{(h-1)!(n-h)!}(n-h)!(h-1)!$$

$$= \sum_{h=1}^{n}(n-1)!$$

$$= n!$$

由于不同 S 对应不同排列 π,所以式(5-11)右边求和所对应的排列一定没有重复。$\{1, 2, \cdots, n\}$ 的 $n!$ 个不重复的排列即为 $\{1, 2, \cdots, n\}$ 的全排列,所以式(5-11)右边求和所对应的排列与左边求和对应的全排列等价,即式(5-11)左右两边是相同相加项在不同顺序下的求和,因此式(5-11)成立。

4. 式 (6-12) 和式 (6-13) 的推导

$$E^{Q}\left\{\max\left[\beta_{i} - \frac{V_{i}(T)}{B_{i}(T)}, 0\right]\bigg|_{Z_{Y}=z_{Y}}\right\} = E^{Q}\{\max[\beta_{i} - e^{X_{i}(z_{Y})}, 0]\}$$

$$= \int_{-\infty}^{\ln\beta_{i}}(\beta_{i} - e^{X_{i}(z_{Y})})\frac{e^{-\frac{[X_{i}(z_{Y}) - \eta_{i}(z_{Y})]^{2}}{2\theta_{i}^{2}}}}{\sqrt{2\pi}\theta_{i}}\mathrm{d}X_{i}$$

$$= \beta_{i}\int_{-\infty}^{\ln\beta_{i}}\frac{e^{-\frac{[X_{i}(z_{Y}) - \eta_{i}(z_{Y})]^{2}}{2\theta_{i}^{2}}}}{\sqrt{2\pi}\theta_{i}}\mathrm{d}X_{i} -$$

$$\int_{-\infty}^{\ln\beta_{i}}e^{X_{i}(z_{Y})}\frac{e^{-\frac{[X_{i}(z_{Y}) - \eta_{i}(z_{Y})]^{2}}{2\theta_{i}^{2}}}}{\sqrt{2\pi}\theta_{i}}\mathrm{d}X_{i}$$

$$= \beta_i \int_{-\infty}^{\ln\beta_i} \frac{e^{-\frac{[X_i(z_Y) - \eta_i(z_Y)]^2}{2\theta_i^2}}}{\sqrt{2\pi}\theta_i} dX_i -$$

$$\int_{-\infty}^{\ln\beta_i} \frac{e^{-\frac{[X_i(z_Y) - (\eta_i(z_Y) + \theta_i^2)]^2}{2\theta_i^2}} e^{\eta_i(z_Y) + \frac{\theta_i^2}{2}}}{\sqrt{2\pi}\theta_i} dX_i$$

$$= \beta_i \int_{-\infty}^{\frac{\ln\beta_i - \eta_i(z_Y)}{\theta_i}} \frac{e^{-\frac{M_{i,1}^2}{2}}}{\sqrt{2\pi}} dM_{i,1} - e^{\eta_i(z_Y) + \frac{\theta_i^2}{2}}$$

$$\int_{-\infty}^{\frac{\ln\beta_i - (\eta_i(z_Y) + \theta_i^2)}{\theta_i}} \frac{e^{-\frac{M_{i,2}^2}{2}}}{\sqrt{2\pi}} dM_{i,2}$$

$$= \beta_i N(d_1) - e^{\eta_i(z_Y) + \frac{\theta_i^2}{2}} N(d_2)$$

$$E^Q \left\{ \max\left[(\beta_i - 1) - \frac{V_i(T)}{B_i(T)}, 0 \right] \bigg|_{Z_Y = z_Y} \right\} = E^Q \{ \max[(\beta_i - 1) - e^{X_i(z_Y)}, 0] \}$$

$$= \int_{-\infty}^{\ln(\beta_i - 1)} [(\beta_i - 1) - e^{X_i(z_Y)}]$$

$$\frac{e^{-\frac{[X_i(z_Y) - \eta_i(z_Y)]^2}{2\theta_i^2}}}{\sqrt{2\pi}\theta_i} dX_i$$

$$= (\beta_i - 1) \int_{-\infty}^{\ln(\beta_i - 1)} \frac{e^{-\frac{[X_i(z_Y) - \eta_i(z_Y)]^2}{2\theta_i^2}}}{\sqrt{2\pi}\theta_i} dX_i -$$

$$\int_{-\infty}^{\ln(\beta_i - 1)} e^{X_i(z_Y)} \frac{e^{-\frac{[X_i(z_Y) - \eta_i(z_Y)]^2}{2\theta_i^2}}}{\sqrt{2\pi}\theta_i} dX_i$$

$$= (\beta_i - 1) \int_{-\infty}^{\ln(\beta_i - 1)} \frac{e^{-\frac{[X_i(z_Y) - \eta_i(z_Y)]^2}{2\theta_i^2}}}{\sqrt{2\pi}\theta_i} dX_i -$$

$$\int_{-\infty}^{\ln(\beta_i - 1)} \frac{e^{-\frac{[X_i(z_Y) - (\eta_i(z_Y) + \theta_i^2)]^2}{2\theta_i^2}} e^{\eta_i(z_Y) + \frac{\theta_i^2}{2}}}{\sqrt{2\pi}\theta_i} dX_i$$

$$= (\beta_i - 1) \int_{-\infty}^{\frac{\ln(\beta_i - 1) - \eta_i(z_Y)}{\theta_i}} \frac{e^{-\frac{M_{i,1}^2}{2}}}{\sqrt{2\pi}} dM_{i,1} -$$

$$e^{\eta_i(z_y)+\frac{\theta_i^2}{2}} \int_{-\infty}^{\frac{\ln(\beta_i-1)-(\eta_i(z_y)+\theta_i^2)}{\theta_i}} \frac{e^{-\frac{M_{i,2}^2}{2}}}{\sqrt{2\pi}} dM_{i,2}$$

$$= (\beta_i - 1)N(d_3) - e^{\eta_i(z_y)+\frac{\theta_i^2}{2}} N(d_4)$$

其中，$M_{i,1} = \dfrac{X_i(z_y) - \eta_i(z_y)}{\theta_i}$，$M_{i,2} = \dfrac{X_i(z_y) - (\eta_i(z_y) + \theta_i^2)}{\theta_i}$，$d_1 = \dfrac{\ln\beta_i - \eta_i(z_y)}{\theta_i}$，$d_2 = d_1 - \theta_i$，$d_3 = \dfrac{\ln(\beta_i - 1) - \eta_i(z_y)}{\theta_i}$，$d_4 = d_3 - \theta_i$。

5. 波动率的估算方法

已知每时段末银行的股权价值为 S_I（$I = 1, 2, \cdots, N$），令 $\omega_I = \ln(S_I/S_{I-1})$，$\omega_I$ 的标准差的一般估计值为：

$$s = \sqrt{\frac{1}{N-1} \sum_{I=1}^{N} (\mu_I - \bar{\mu})^2} = \sqrt{\frac{1}{N-1} \sum_{I=1}^{N} \mu_I^2 - \frac{1}{N(N-1)} \left(\sum_{I=1}^{N} \mu_I\right)^2}$$

其中，$\bar{\omega}$ 为 ω_I 的均值。在银行权益价值服从对数正态分布假设下，ω_I 的标准差为 $\sigma_S \sqrt{H}$，故变量 s 是 $\sigma_s \sqrt{H}$ 的估计值，因此有 $\hat{\sigma}_s = \dfrac{s}{\sqrt{H}}$。

6. 收益率的估算方法

在真实测度下，t 时刻银行 i 的资产价值 $V_i(t)$ 服从如下几何布朗运动。

$$dV_i(t) = \mu_{i,V} V_i(t) dt + \sigma_{i,V} V_i(t) dw_{i,V}(t) \quad i = 1, 2, \cdots, m$$

$$(6-A-1)$$

其中，$\mu_{i,V}$ 为真实测度下银行 i 的资产收益率。令 $W_{i,I} = \dfrac{1}{H} \ln \dfrac{V_{i,I}}{V_{i,I-1}}$，由式（6-A-1）可知，在真实测度下有 $W_{i,I} \sim \Phi\left(\mu_{i,V} - \dfrac{\sigma_{i,V}^2}{2}, \dfrac{\sigma_{i,V}}{\sqrt{H}}\right)$，因此

$W_{i,I}$ 的期望值满足 $E(W_{i,I}) = \mu_{i,V} - \dfrac{\sigma_{i,V}^2}{2}$，即有 $\mu_{i,V} = E(W_{i,I}) + \dfrac{\sigma_{i,V}^2}{2}$。则 $\mu_{i,V}$ 的估计值可计算为 $\hat{\mu}_{i,V} = \dfrac{1}{N}\sum\limits_{I=1}^{N}\left(\dfrac{1}{H}\ln\dfrac{\hat{V}_{i,I}}{\hat{V}_{i,I-1}}\right) + \dfrac{\hat{\sigma}_{i,V}^{\,2}}{2}$，其中估计值 $\hat{V}_{i,I}(i=1,2,\cdots,m;I=1,2,\cdots,N)$ 和 $\hat{\sigma}_{i,I}(i=1,2,\cdots,m;I=1,2,\cdots,N)$ 由第六章第一节估计得到。

参考文献

［1］冯伟、曹元涛:《挤兑风险与道德风险的权衡:显性存款保险制度下最优保险范围的制定》,《经济与管理研究》2008年第2期。

［2］付强、涂燕、岑永:《基于风险的存款保险定价能解决道德风险吗》,《西南民族大学学报》(人文社会科学版)2004年第3期。

［3］李钢、赵武、曾勇:《去周期影响的存款保险费率定价研究》,《金融研究》2010年第7期。

［4］李金迎、詹原瑞:《信用风险与存款保险定价:方法与实证》,《西北农林科技大学学报》(社会科学版)2010年第1期。

［5］刘海龙、杨继光:《基于银行监管资本的存款保险定价研究》,《管理科学学报》2011年第3期。

［6］刘鑫、丁卓武:《存款保险定价、额度与银行业道德风险分析》,《数学理论与应用》2008年第1期。

［7］吕筱宁、秦学志:《考虑银行破产外部效应的存款保险定价模型》,《运筹与管理》2014年第2期。

［8］吕筱宁、秦学志:《权衡存款保险正负效应的逆周期式定价研究》,中国社会科学出版社2017年版。

[9] 吕筱宁、秦学志、尚勤：《考虑跨期系统风险的存款保险逆周期定价方法》，《系统管理学报》2016年第1期。

[10] 罗滢：《存款保险：理论与实践》，社会科学文献出版社2005年版。

[11] 钱小安：《存款保险的道德风险、约束条件与制度设计》，《金融研究》2004年第8期。

[12] 沈福喜、高阳、林旭东：《国外存款保险费率的借鉴与统计研究》，《统计研究》2002年第2期。

[13] 苏宁：《存款保险制度设计——国际经验与中国选择》，社会科学文献出版社2007年版。

[14] 孙晓琳、秦学志、陈田：《监管宽容下资本展期的存款保险定价模型》，《运筹与管理》2011年第1期。

[15] 孙杨：《商业银行道德风险与存款保险定价研究》，《产业经济研究》2005年第5期。

[16] 魏志宏：《中国存款保险定价研究》，《金融研究》2004年第5期。

[17] 杨瑞成、秦学志、陈田：《基于跳扩散和随机相关的金融衍生产品定价模型研究——以人民币汇率期权与债务抵押证券为对象》，科学出版社2010年版。

[18] 展雷艳：《基于Merton模型的存款保险定价研究》，《技术经济》2010年第3期。

[19] 张金宝、任若恩：《基于商业银行资本配置的存款保险定价方法研究》，《金融研究》2007年第1期。

[20] 张金宝、任若恩：《未保险存款的利率对存款保险定价的影响》，《系统工程》2007年第4期。

[21] 张金宝、任若恩:《银行债务的清偿结构与存款保险定价》,《金融研究》2007年第6期。

[22] 郑鑫、朱晓曦、马卫民:《基于Shapley值法的三级闭环供应链收益分配模型》,《运筹与管理》2011年第8期。

[23] 朱波、黄曼:《监管宽容下的存款保险定价应用研究》,《南方经济》2008年第12期。

[24] Acharya, V. V., Santos, J. A. C. and Yorulmazer, T., "Systemic Risk and Deposit Insurance Premiums", *FRBNY Economic Policy Review*, 2010b (8).

[25] Adler and Joe, "FDIC's Premium Revamp Seen Costing Big Banks", *American Banker*, 2006, 171 (135).

[26] Alan J. Marcus and Israel Shaked, "The Valuation of FDIC Deposit Insurance Using Option-pricing Estimates", *Journal of Money, Credit, and Banking*, 1984, 16 (4).

[27] Altunbas. Y. and Thornton. J., "Deposit Insurance and Private Capital Inflows: Further Evidence", *Journal of International Financial Markets, Institutions & Money*, 2013, 27.

[28] Anderson, Ronald W. and Nusret Cakici, "The Value of Deposit Insurance in the Presence of Interest Rate and Credit Risk", *Financial Markets, Institutions & Instruments*, 1999, 8 (5).

[29] Andrea Sironi and Cristiano Zazzara, "Applying Credit Risk Models to Deposit Insurance Pricing: Empirical Evidence from the Italian Banking System", *Journal of International Banking Regulation*, 2004, 6 (1).

[30] Anginer. D. A., Demirguc. K. and Zhu. M., "How does De-

posit Insurance Affect Bank Risk? Evidence from the Recent Crisis", Working Paper, 2012, Available at: http://dx.doi.org/10.1596/1813-9450-6289.

[31] Angkinand, A. and Wihlborg, C., "Deposit Insurance Coverage, Ownership, and Banks' Risk-taking in Emerging Markets", *Journal of International Money and Finance*, 2010, 29.

[32] Angkinand, A., "Banking Regulation and the Output Cost of Banking Crises", *Journal of International Financial Markets, Institutions and Money*, 2009, 19.

[33] Avellanada, M., "Minimum Relative-entropy Calibration of Asset-pricing Models", *International Journal of Theoretical and Applied Finance*, 1998, 1.

[34] Brock, W. and Hommes, C., "Heterogeneous Beliefs and Routes to Chaos in a Simple Asset Pricing Model", *Journal of Economic Dynamics and Control*, 1998, 22.

[35] Buser, S. A., Chen, A. H. and Kane, E. J., "Federal Deposit Insurance, Regulatory Policy, and Optimal Bank Capital", *The Journal of Finance*, 1981, 36 (1).

[36] Chernykh, L. and Cole, R. A., "Does Deposit Insurance Improve Financial Intermediation? Evidence from the Russian Experiment", *Journal of Banking and Finance*, 2011, 35.

[37] Chia-Ling, Ho C. L., Lai, G. C. and Lee, J. P., "Financial Reform and the Adequacy of Deposit Insurance Fund: Lessons from Taiwanese Experience", *International Review of Economics and Finance*, 2014, 30.

[38] Chiarella, C., He, X. and Hommes, C., "A Dynamic Analysis of Moving Average Rules", *Journal of Economic Dynamics and Control*, 2006, 30.

[39] Dar-Yeh Hwang, Fu-Shuen Shie and Kehlyg Wang, "The Pricing of Deposit Insurance Considering Bankruptcy Costs and Closure Policies", *Journal of Banking&Finance*, 2009, 33.

[40] David Lando, "On Cox Processes and Credit risky Securities", *Review of Derivatives Research*, 1998, 2 (2-3).

[41] DeLonga, G. and Saunders, A., "Did the Introduction of Fixed-rate Federal Deposit Insurance Increase Long-term Bank Risk-taking?", *Journal of Financial Stability*, 2011, 7.

[42] Donald C. Keenan, Alexey A. Smurov and James B. Kaul, "Reduced form Mortgage Pricing as an Alternative to Option-pricing models", *The Journal of Real Estate Finance and Economics*, 2006, 33 (3).

[43] Du, J. C., Moreau, A. F. and Sealey, C. W., "Fixed-rate Deposit Insurance and Risk-shifting Behavior at Commercial banks", *Journal of Banking & Finance*, 1992, 16 (4).

[44] Duan, J. C., "Maximum Likelihood Estimation Using Price Data of the Derivative Contract", *Mathematical Finance*, 1994, 4 (2).

[45] Duffie, D., Jarrow, R. and Purnanandam, A., "Market Pricing of Deposit Insurance", *Journal of Financial Services Research*, 2003, 24 (2-3).

[46] Ehud I. Ronn and Avinash K. Verma, "Pricing Risk-adjusted

Deposit Insurance: An Option – based Model", *The Journal of Finance*, *1986*, *11* (4).

[47] Engineer, M. H., Schurea, P. and Gillis, M., "A Positive Analysis of Deposit Insurance Provision: Regulatory Competition among European Union Countries", *Journal of Financial Stability*, 2013, 9.

[48] Forssbaeck, J., "Ownership structure, Market Discipline, and banks' Risk – taking Incentives under Deposit Insurance", *Journal of Banking and Finance*, 2011, 35.

[49] Gendreau, B. C. and Prince, S. S., "The Private Cost of Bank Failures: Some Historical Evidence", *Federal Reserve Bank of Philadelphia Business Review*, 1986 (3).

[50] Glenn Boyle, Roger Stover, Amrit Tiwana and Oleksandr Zhylyevskyy, "The Impact of Deposit Insurance on Depositor Behavior During a Crisis: A Conjoint Analysis Approach", *Journal of Financial Intermediation*, 2015, 24.

[51] Guizani, B. and Watanabe, W., "The Deposit Insurance and the Risk – shifting Incentive Evidence from the Blanket Deposit Insurance in Japan", Keio/Kyoto Joint Global COE Discussion Paper Series, Keio/Kyoto Joint Global COE Program, August, 2010.

[52] He, X. and Li, K., "Heterogeneous Beliefs and Adaptive Behavior in a Continuous – time Asset Price Model", *Journal of Economic Dynamics and Control*, 2012, 36.

[53] Hovakimian, A. and Kane, E., "Effectiveness of Capital Regulation at U. S. Commercial Banks, 1985 to 1994", *Journal of Fi-*

nance, 2000, 55.

[54] Huang, X., Zhao, H. and Zhu, H., "Systemic Risk Contributions", *Journal of Financial Services Research*, 2012, 42.

[55] Huizinga, H. and Nicodeme, G., "Deposit Insurance and International bank liabilities", *Journal of Banking and Finance*, 2016, 30 (3).

[56] Hwang, D. Y., Shie, F. S., Wang, K. and Lin, J. C., "The Pricing of Deposit Insurance Considering Bankruptcy Costs and Closure Policies", *Journal of Banking & Finance*, 2009, 33 (10).

[57] Ioannidou, V. P. and Penas, M. F., "Deposit Insurance and Bank Risk – taking: Evidence from Internal Loan Ratings", *Journal of Financial Intermediation*, 2010, 19 (1).

[58] Iyer, R. and Puri, M., "Understanding Bank Runs: The Importance of Depositor – bank Relationships and Networks", Cambridge: NBER Working Paper 14280, 2008.

[59] James, C., "The Losses Realized in Bank Failures", *Journal of Finance*, 1991, 46 (4).

[60] Jean Dermine and Fatma Lajeri, "Credit Risk and the Deposit Insurance Premium: Anote", *Journal of Economics and Business*, 2001, 53.

[61] Jin – Chuan Duan, Arthur F. Moreau and C. W. "Sealey. Deposit Insurance and Bank Interest Rate Risk: Pricing and Regulatory Implications", *Journal of Banking & Finance*, 1995, 19.

[62] Jin – Chuat Duan and Min – Teh Yu, "Forbearance and Pricing

Deposit Insurance in A Multi – period Framework", *The Journal of Risk and Insuranrance*, 1994, 61 (4).

[63] King, M. R. , "The Cross – border Contagion and Competition Effects of Bank Bailouts Announced in October 2008", SSRN Working Paper, February 29, 2008.

[64] Kiss, H. J. , Rodriguez, I. and Garcia, A. R. , "On the effects of deposit insurance and observability on bank runs: An experimental study", *Journal of Money, Credit and Banking*, 2012, 44.

[65] Lee, S. C. , Lin, C. T. and Tsai, M. S. , "The Pricing of Deposit Insurance in the Presence of Systematic Risk", *Journal of Banking & Finance*, 2015, 51.

[66] Lee, S. S. and, Mykland P. A. , "Jumps in Financial Market: A new Nonparametric Test and Jump", *The Review of Financial Studies*, 2008, 21 (6).

[67] Max Bruche and Javier Suarez, "Deposit Insurance and Money Market Freezes", *Journal of Monetary Economics*, 2010, 57.

[68] Mbarek, L. and Hmaied, D. M. , "Deposit Insurance and Bank Risk – shifting Incentives: Evidence from the Tunisian Banking System", *Journal of Money, Investment & Banking*, 2011, 20.

[69] Mbarek, L. Hmaied, D. M. , "Deposit Insurance and Bank Risk – shifting Incentives: Evidence from the Tunisian Banking System", *Journal of Money, Investment & Banking*, 2011, 20.

[70] Merton, Robert C. , "An Analytic Derivation of the Cost of Deposit Insurance and Loan Guarantees An Application of Modern Option Pricing Theory", *Journal of Banking and Finance*, 1977, 1 (1).

[71] Merton, Robert C., "On the Pricing of Corporate Debt: The Risk Structure of Interest Rates", *The Journal of Finance*, 1974, 29 (2).

[72] Monoyios, M., "The Minimal Entropy Measure and an Esscher Transform in an Incomplete Market Model", *Statistics and Probability Letters*, 2007, 77.

[73] Pennacchi, G. and Brown, J., *Public Insurance and Private Markets*, American Enterprise Institute Press, Washington, DC, 2010.

[74] Pennacchi, George G., "The Effects of Setting Deposit Insurance Premiums to Target Insurance Fund Reserves", *Journal of Financial Services Research*, 1999, 16 (2/3).

[75] Pennacchic, George G. and Gortona, Gary B., "Banks and Loan Sales Marketing Nonmarketable Assets", *Journal of Monetary Economics*, 1995, 35 (3).

[76] Prean, N. and Stix, H., "The Effect of Raising Deposit Insurance coverage in Times of Financial Crisis – Evidence from Croatian Microdata", *Economic Systems*, 2011, 35.

[77] Quijano, M., "Financial Fragility, Uninsured Deposits, and the Cost of Debt", *The North American Journal of Economics and Finance*, 2013, 24 (1).

[78] Robert A. Jarrow and Stuart M. Turnbull, "Pricing Derivatives on Financial Securities Subject to Credit Risk", *The Journal of Finance*, 1995, 50 (1).

[79] Robert A. Jarrow, David Lando and Stuart M. Turnbull, "A Markov Model for the Term Structure of Credit Risk Spreads", *The Re-

view of *Financial Studies*, 1997, 10 (2).

[80] Sankarshan Acharya, "Charter Value, Minimum bank Capital Requirement and Deposit Insurance Pricing in Equilibrium", *Journal of Banking & Finance*, 1996, 20.

[81] Shih – Cheng Lee, Jin – Ping Lee and Min – Teh Yu, "Bank Capital Forbearance and Valuation of Deposit Insurance", *Canadian Journal of Administrative Sciences*, 2005, 22 (3).

[82] Shubik, M., "Incentives, Decentralized Control, the Assignment of Joint Costs and Internal Pricing", *Management Sciences*, 1962, 8 (3).

[83] So, Jacky and Wei, J. Z., "Deposit Insurance and Forbearance under Moral Hazard", *The Journal of Risk and Insurance*, 2004, 71 (4).

[84] Staum, J. C., "Systemic Risk Components and Deposit Insurance Premia", *Quantitative Finance*, 2012, 12 (4).

[85] Yves Achdou and Olivier Pironneau, *Computational Methods for Option Pricing*, Cambridge University Press, 2005.